「横書き」を読むスーパー速読1週間

日本速読協会　井田　彰

SHODENSHA SHINSHO

祥伝社新書

まえがき

いま、テレビのニュース番組や新聞・雑誌などで、スマートフォンやiPadなどのタブレット端末に代表される携帯情報端末や電子文具についての情報を見ない日はありません。

こうした情報端末から得る情報は、最近では動画も増えていますが、基本的には文字情報が主体です。とくに本書を手に取られた方のように、仕事に役立てる、スキルアップのために資格を取る、教養を深める、といった目的を持っている方にとっては、やはり文字情報が最重要であるといってよいでしょう。紙媒体から液晶の画面に移っても、文字を読むという行為そのものは変わりません。

ところが、お気づきでしょうか?

かつて縦書きが主体であった日本語も、こうした電子媒体が広まるにつれて、どんどん横書きの文章が多くなってきています。新聞・雑誌などの記事も、画面上ではほとんどが横書きです。また、日常的なビジネス文書でも、ワープロ・表計算・Eメールが当たり前となった現在、縦書きはほとんど使われません。

これは目の機能を考えると横書きが読みやすいというのが大きな理由のひとつです。本書のような新書やビジネス書、経済書なども本当は横書きのほうが読みやすいはずですが、これまでの出版の延長で縦書きに

なっているのでしょう。それらも電子書籍化が進めば横書きが増えていくはずです。この縦から横への流れは、ますます加速していくと思われます。

もちろん、電子書籍であっても小説などは縦書きのままの画面になっているものも数多くあります。現在、こうした縦書きは、世界中探してもおそらく日本だけなのではないでしょうか。同じ漢字文化圏といえる中国や韓国も、現代ではすべて横書きになっています。

だからこそ、縦書きは日本の文化・伝統ということになりますから、紙媒体であれ電子版であれ、未来にきちんと残していかなければなりません。

本来、小説などの文学作品は、読書速度をひたすら速めるということにはなじみません。これらは味わって読むのが楽しいものです。一方、ビジネス文書や自己啓発書、テキストなど情報としての本を読む場合には、速読という能力がとても高い価値を持ちます。速く読めれば、それだけ多くの情報を短時間で取り入れることが可能だからです。

なにしろ携帯情報端末の普及は飛躍的に伸びているのですから、読み手としての私たちも読み方をそれに合わせなければなりません。

現代においては、縦書きよりも横書きの速読のほうが重要ですし、目の機能を考えると縦書きよりもトレーニングしやすく、トレーニング後の絶対速度も縦

まえがき

書きよりずっと伸びます。

　この1週間カリキュラムでは、最初は黙読（もくどく）の2倍程度＝1200文字/1分間をトレーニングします。その後は600文字ずつ目標を伸ばして、1800文字/1分間、2400文字/1分間、最終的には3000〜6000文字/1分間まで訓練することにします。

　ただし、お断りしておきます。これから本書で横書きの速読トレーニングを行なっていただいて、そのまま縦書きの新聞・雑誌を速読しようとしてもあまりうまくはいかないでしょう。これは目の機能にかかわっていて、そのため本書では訓練素材として横書きに特化しています。縦書きでも速読トレーニングをしたいという方は、同じ祥伝社新書の『新書1冊を15分で読む技術』をお勧めします。

　また、『新書1冊を15分で読む技術』をすでにお読みいただいた方はお分かりになりますが、基本的な速読の理論や訓練カリキュラムは、縦書きでも横書きでも同じです。ただし速読はフィジカルトレーニングですから、横書き速読を身につけたい場合には、実際に横書きに即したトレーニングが必要となるのです。

　それでは、「スーパー速読　横書きトレーニング」を始めましょう。

2011年10月
日本速読協会　井田（いだ）彰（あきら）

「横書き」を読むスーパー速読1週間◎目次

まえがき……3

プロローグ スーパー速読の理論 **速読の目と脳を鍛えるポイント**

- NHK「ためしてガッテン」で証明された速読のパワー ‥ 12
- 「速読の目」と「速読の脳」とは何か？ ……………… 15
- 「速読の目」をトレーニングする ………………… 18
- 「速読の脳」をトレーニングする ………………… 23
- 「スーパー速読」トレーニングの構成 …………… 31

所要時間30分

第0日 **ファースト・チェックと目標設定**

- ファースト・チェック＝1分間読書速度チェック ‥ 36
  チェックの前に／ファースト・チェック＆目標設定
- 速読スピードの目標を設定する ………………… 43
  速読の本当の目的は？／目標を記入する
- ファーストチェックの結果を評価する …………… 45
  速読スピード／記憶力（単語の書き出し数）

CONTENTS

所要時間45分

第1日 速読に必要な集中力を鍛える
――基本トレーニング1　集中力トレーニング

- 基本トレーニングとは ……………………………… 50
- (1) 丹田呼吸法 ……………………………………… 51
- (2) 一点集中法 ……………………………………… 54
- (3) 集中力移動法 …………………………………… 55
- 瞬きを我慢することができない方にアドバイス … 59
- 丹田呼吸について ………………………………… 59
- 残像チェックの実験 ……………………………… 60

所要時間45分

第2日 「眼筋」を鍛えて視野を拡げる
――基本トレーニング2　視野アップトレーニング

- 第1日の復習から始めよう ……………………… 68
- 基本トレーニング2　視野アップトレーニング … 68
- ①集中力左右移動法 ……………………………… 71
- ②集中力上下移動法 ……………………………… 72
- ③集中力対角線移動法 …………………………… 73
- ④集中力円移動法 ………………………………… 74

所要時間60分

第3日 もっとも重要な「目の強化トレーニング」

- 反復トレーニング ……………………………… 78
- 目の強化トレーニング ………………………… 80
- 視点移動の速度アップについて ……………… 81
- 目の強化トレーニング ………………………… 82
- ①記号式トレーニング ………………………… 82
- ②文字・数字式トレーニング ………………… 84

スーパー速読トレーニングシート … 89〜131

所要時間60分

第4日 あなたの脳の力を引き出す
―― 脳の強化トレーニング　本読みトレーニング

- 反復トレーニング ………………………………134
- 脳の強化トレーニング①
  ――本読みトレーニング（1200字／分）………137
- スーパー速読の3ポイント ……………………137
- 本読みトレーニングの最重要ポイント ………140

CONTENTS

所要時間60分

第5日 視点移動と視野拡大のためのトレーニング

- 反復トレーニング …………………………148
- 応用トレーニング「数字さがし」……………151
- 速読は「知的スポーツ」だと思って繰り返す ……151
- 脳の強化トレーニング②
  ——本読みトレーニング2日目（1800字／分）…………154
  記憶しようと思わない／「タイトル・見出し」を活用する／
  記憶のためのポイント

所要時間60分

第6日 文字列を「ブロック」で見れるようになる

- 反復トレーニング …………………………166
- 応用トレーニング——「ビジネス用語」は見つかる？ ‥169
- 視幅・残像チェック（再トレーニング）……………172
- 脳の強化トレーニング③
  ——本読みトレーニング3日目（2400字／分）…………173

所要時間60分

第7日 「イメージ」と「想起」で速読しながら記憶する

- 反復トレーニング …………………………180
- イメージ力（インプット）＋想起力（アウトプット）
  トレーニング …………………………183
- 具体的なキーワードから単語を書き出し、さらに
  イメージを具体化する …………………………187
- イメージ力と速読の実力チェック
  ——これって何のこと？ …………………………189
- 脳の強化トレーニング④
  ——本読みトレーニング4日目（3000文字／分）………191

第7日＋α……さらに進んだ速読を身につけたい方へ

- 「頭脳地図」を作成する …………………………199

あとがき……204

プロローグ

スーパー速読の理論
速読の目と脳を鍛えるポイント

NHK「ためしてガッテン」で証明された速読のパワー

 2010年4月7日、私は、午後8時から放送されたNHKの番組「ためしてガッテン」の速読特集「ラクラク速読術」に出演しました。その番組冒頭で、速読の訓練にある「速読の目」によって、3000人の中から特定の人を何秒で探すことができるか？　というパフォーマンスをすることになったのです。

 この録画は、火曜日の同じ午後8時からの時間帯に生放送されている「NHK歌謡コンサート」が終わった後に行なわれることになり、午後6時ごろに速読特集の出演者は集合しました。場所は年末の「紅白歌合戦」が行なわれるNHKホールです。「NHK歌謡コンサート」もこの会場から放送されていて、3000人とはその観客のことです。私が渋谷のNHKに着いたころには会場前はすでに人・人の波で、これは大変なことになったと思いました。さすがにこのようなパフォーマンスはしたことがありません。

 この速読特集番組の出演者には日本速読協会からだけではなく他社・他教室の方もいらっしゃいましたが、速読講師として出演するのは私だけでした。そこで「ためしてガッテン」のスタッフの人から手順の説明がありました。

「NHK歌謡コンサート」の観客3000人の中に1人だ

> プロローグ

け「芸能人＝歌手」の方に座ってもらうので、「速読の達人」は、一般の人とペアになって目隠しをして後ろ向きにNHKホールの舞台に出て行き、「芸能人＝歌手」を探します。見つかるまでの時間を計り、一般の人とどれほど差があるかを競うというルールです。その芸能人とは、小林幸子さんでした。

放送された番組のこの部分には私だけが出演したようになっているのですが、実はこれは速読関係者の中で成功したのが私だけだったからです。

いよいよパフォーマンスのときとなりました。舞台に出て目隠しをはずして振り返り、「芸能人＝歌手」を探します。私は縦の視野ブロックのほうが得意なタイプなので舞台に向かって左からブロックの視点移動をしました。

小林幸子さんは、舞台から見て右端のほうの前から10列目ほど左から2人目の席にいらっしゃいました。かかった時間は10秒でした。

私たちのペアが最終だったこともあり、小林幸子さんは舞台に駆け上がってきて、握手をしていただけました。あつかましくサインをくださいとお願いしましたら、あとで立派なサイン色紙もいただいてしまいました。

一点だけ残念なのは、ペアになった一般の方が最初に右に振り向いたので、それに合わせたほうがカメラ的にはよいだろうなと考え、一緒に振り向いたことで

す。私自身は左に振り向く予定でしたから、そうできていたら「サッチャン、見っけ！」までには、2、3秒しかかからなかっただろうと思います。

　なぜ私は、これだけたくさんの人の中からわずか数秒のあいだに特定の人を見つけることができたのでしょうか？
　これから本書でご紹介するスーパー速読の基本トレーニングは、「集中力トレーニング」から始まります。これは「丹田呼吸」という呼吸法を用いて訓練するのですが、この効果は本を読むためだけにはとどまりません。
　例えば、あるスポーツの大会に出ることになり、試合にのぞんだとします。試合の最中に集中できなかったら、長期間にわたるトレーニングの結果を出すことはできません。あるいは、仕事の上でプロジェクトを計画し、長い時間をかけて用意をしたとします。そのプレゼンテーションを行なう会議の席で、集中力を最大にして結果を出さなければ、いくら長時間の準備をしていても誰からも評価されません。入試を受ける学生も同様です。
　私が「ためしてガッテン」で小林幸子さんの発見に成功したのは、この「集中力トレーニング」のおかげです。「集中力トレーニング」は、あなたの能力をどんなときにでもフルに発揮させるためにあります。

この番組の前後くらいから、企業・学校・団体からの「スーパー速読」講座の要請が増えつづけています。

IDE社労士塾の方たち、NTT静岡のIT部門のみなさん、電力会社の能力開発センター、石川県金沢市の金沢錦丘中・高校の生徒さんたち、大阪府豊中高校のPTAのみなさん、本書の出版の前後にも静岡市生涯学習センター、八王子市生涯学習センター、富士通四国からと枚挙に暇がありません。

こうした講座では、集中力のトレーニングから始めて、速読能力の最重要事項である「速読の目と脳」のトレーニングへと進みます。

「速読の目」と「速読の脳」を身につけることこそが、速読ができるようになるということなのです。では、まずは速読の理論の中心である「速読の目」と「速読の脳」が、それぞれどのようなものであるのかについて、ご説明しましょう。

「速読の目」と「速読の脳」とは何か？

前項では、「速読の目」と「速読の脳」が重要であると申しました。これらをもう少し具体的に言うと、

「速読の見方」＝速読の目
「速読の読み方」＝速読の脳

であるということができます。

　私たちは目を通して文章を読み、脳に情報を送ります。速読をマスターするためには、文字の見方を変えて「速読の目」をトレーニングし、普通の黙読の読み方を変えて「速読の脳」をトレーニングすることが必要です。

●黙読の限界

　私たちは、普通に文章を読むときには1文字ずつ目で追い、頭の中で読み上げます。つまり、文字を目で見て、それを音として脳が読む＝黙読です。

　はっきり言って遅いとお感じでしょう。これは、目で見る速度と文字を音に変える物理的速度が問題となっています。本書を手にとられた方は、当然もっと速く読みたいはずです。しかし、これまでの読み方のままで速く読もうとすると、単に文章に目を通すだけになり、そのままでは読む質＝理解がどんどん落ちてしまいます。

　なぜなのか？　あるいは普通の黙読ではどれくらいなら速く読めるのか？

　これについては、トレーニング開始の時点で実際に計測していただきますが、普通の黙読でどれくらいまで読めるのかについては理論的に説明ができます。それは第1に目の機能にかかわっています。

　最近はインターネット上でも、動画が大きく取り扱

われ社会情勢にまで影響しています。この動画の基本原理はどなたでもご存知と思います。わかりやすく動画の中のアニメで考えてみましょう。

アニメは、わずかずつずれていくイラストをたくさんの枚数描いて、そのイラストを高速で映しています。「パラパラ漫画」が動いて見えるのと同じ原理です。この枚数が、昔のアニメは1秒間に16枚でした。1秒当たりのコマ数が多いほど美しい画像になり、最近では実写と見間違うほどになっています。

「1秒16コマ」、これは1コマ当たりでは0.0625秒です。かろうじて1コマ1コマを認識できる限界です。これ以上コマ数が増えると1コマの認識はできません。1コマの残像が残っているあいだに次のコマへと続き、動画として見えるようになります。

文章は1文字1文字が次々と変わるわけですから、この限界を超える1秒当たりの〈コマ数＝文章の場合は文字数〉になると、文字情報として脳には届かなくなります。これでは単に何もわからないだけです。

もしも600字を1分間で読む場合（これは日本人の標準的速度）には、1文字当たりは0.1秒です。認識の限界は0.0625秒ですから、1分間の文字数としては1000文字ほどの読書速度が黙読の限界となります。黙読のままでこの限界を超えようとすると、従来のいわゆる「飛ばし読み・斜め読み」などの読み方になり、理解の質は落ちてしまいます。

しかし、逆に考えれば、1分間に1000文字強までは黙読できるともいえます。

「速読の目」をトレーニングする

日常読んでいる適当な本を開いて見てください。本の1ページ全体が当然視野の中に入ります。

しかし、これではページ全体の文字がただ見えるというだけで、風景のように見えるというのと変わりがありません。つまり意味を持った文章として読むためには、文章の中の文字を順次目で追い、認識する必要があります。

この見えている狭い範囲を1文字ずつ黙読するのではなく、数文字単位の「文字ブロック」として「視る」方法に変えることができたら画期的なことが起きます。

さらに、1行全体を一度に読み取ることができれば、素晴らしい能力を勝ち取ることになります。もちろん、すぐには無理でしょうが、最初から1行全体などとすごいことは言わずとも、この「文字＝文章ブロック」はその見える範囲を拡大していくことがトレーニングで可能なのです。

次の文章を一目で見てください。

> 円高状況は、＋ 今後も続くか

　中心の　＋　は視点をおくポイントと考えてください。ポンという感じに一目で見て、目を上げます。
　文字数は12文字ですが、読み取ることができましたか？
　うまくいかないという方は、次の2ブロックを試してください。

> 円高状況は、　今後も続くか

今度はうまく読み取れましたか？
　12文字のブロックは、初めてでは無理という方がいても、6文字ブロックは2つのブロックくらいなら連続して読み取れるでしょう。
　一度に1ブロックが4〜6文字程度なら、そう難しいことではありません。自動車の運転中に交通標識類を1文字ずつ音読はしないはずですし、駅名の案内板なども当然そうです。

　速読を実現するためには、いままでの文章の見方と読み方＝黙読ではなく速読の読み方にする必要があります。速読の方法に則って読まなければなりません。

● 「速読の目」のトレーニングポイント

> **「速読の目」のトレーニングポイント**
> ①文章の文字ブロック全体に、短い時間で視点を止める
> ②視点を止めたときに、焦点の合う中心視野の文字数を飛躍的に増やす
> ③ブロックから次の文章ブロックに無駄なくすばやく視点を移動させる

ポイント①：目は止めなければなりません。決して流してはいけません。視点を止めていかに短い時間で焦点を合わせられるかが訓練ポイントです。

焦点が合うまでの速度を上げ、合っているあいだの時間を短縮するのです。

このトレーニングは基本訓練の中の集中力左右移動法・上下移動法・対角線移動法などで訓練します。

ポイント②：目を止めたときに、焦点を合わせることのできる範囲(中心視野)を拡大する。

上の例で試していただいた、一目で読み取ることのできる文章ブロックの文字数をできるかぎり増やしていくための訓練です。

この視点を止めたときの文字ブロック、つまり視野＝視幅をどのような過程で広くするのかが、トレーニングのポイントになります。

文章ブロックの文字数が増えると飛躍的に読書速度が速くなります。

この訓練はポイント①の基本訓練にプラスして目の強化訓練である記号式、文字・数字式トレーニングで訓練します。

ポイント③：次の視点への移動速度を速める。

いわゆる目の移動速度が速いという意味ではわかりやすいトレーニングです。しかし、ここでもポイントは目を流す速度ではなくて次の目を止めるべき文字ブロックへの移動時間の速やかさです。

一度に視ることのできる文字ブロックが大きくなれば、当然次のブロックの中心までの距離が短縮され移動がすばやくできます。

この訓練は目の強化訓練である記号式、文字・数字式トレーニングで訓練します。

●視幅拡大と視野ブロックの移動

例1　横1行の文章を1/3のブロックで視る場合

(この秋も × 京都では、) (美 × しい紅葉を観る ×) (観光客が)

例2　横1行の文章を1/2のブロックで視る場合

(多くの神社 × 仏閣に向かい、その美し × い紅葉に感)

例3　横1行の文章を2/3のブロックで視る場合

(木々の紅葉の美 ×)(しさは、古都の ×)(風情にもまして)

×は文章ブロックの中心を示します

(視幅のブロックは当然 × この横1行全体になる。)

○　視幅＝文章ブロックは、図の矢印に示したような過程をたどって訓練し、拡大されていきます。また、図の×は、ブロックの中心を示しているだけで、中心の1点に視点をおくのではなくブロック全体に視点を止めるようにします。
○　矢印で示したようにブロックが拡大されると、ブロック移動の際の目の移動が簡略化されるので、当然移動のスピードも上がることになります。

「速読の目」のトレーニングを繰り返し行なうのは、眼筋のフィジカル・トレーニングをしているようなものです。

したがって、書籍を速読するということ以外に、私たちの生活の中で視力が向上してとくに球技系をはじめとするいろいろなスポーツにとても有効だったり、

自動車を運転するときには安全運転につながり、さらにはパソコンに向かう際にとても楽になるなど、数多くのシチュエーションで思わぬ能力を発揮できる、この訓練の効果ははかりしれません。

「速読の脳」をトレーニングする

 文章のどこに集中すればよいか

●漢字・カタカナ・ローマ字

　日本語の文章は、日本人はそれほど意識していませんが、外国語の文章に比べて相当に複雑です。もちろん文法のことを言っているわけではなくて、構造的に漢字・カタカナ・ローマ字が混在しているのです。

　このような文章は欧米ではもちろん見たことがありませんし、中国語の文章よりも複雑でしょう。韓国語の新聞をみると漢字・ハングル・ローマ字が混在しているようです。

　さらに、日本語には「ひらがな」があります。実はこの「ひらがな」をどのように処理するかという点が、速読をトレーニングする上での重要ポイントなのです。

　次の熟語を読んでください。

①活魚　　　　②白飯

①はWikipediaでは、「生きたまま飲食店など調理する場に輸送する魚介類」という意味の説明があります。言葉は時代によって変わりますから、30年前の広辞苑には「生きている魚」とだけありました。

読み方は両方とも「かつぎょ」で掲載されていますが、「いきうお」（活魚料理）といった読み方もできるでしょう。いずれにしても読み方ではなく意味のほうは日本全国共通のコンセンサスが得られていると思います。

②はどの辞典にもまだ掲載はないと思われます。しかし、すでに日本全国で使用されています。「知らない！」という方は、スーパーのお惣菜コーナーで探してみてください。白いご飯が入った透明容器には「白飯」とシールが張られています。こちらは少なくとも札幌から福岡まで、セミナー講座で訪れた際に確認しました。

日本速読協会のセミナー講座にお惣菜の会社の広報の方が参加されたことがあり、読み方をお聞きしたところ、業界では「しろめし」で統一されているようです。

さて、①と②に共通しているのは、漢字は読み方ではなく意味を表わしていることです。つまり、読み方ではなく、漢字は見た瞬間にその意味の情報を頭脳に

送っていることになります。

　文章ブロックに視野を拡げて速読するときにもっとも重要なのは、漢字・熟語です。とくに法律関連の資格試験のテキストなどでは、重要ポイントはほぼすべてが漢字・熟語になります。

　次にカタカナ語です。例えば、「ニューヨーク」という言葉を思い浮かべてください。

　日本速読協会のセミナー講座には中学1年生から参加していただけるため、彼らにアンケートをとったところ、ニューヨークという言葉について、小学校1年のころにすでに読むことはできていたが、意味がわかったのは小学校3・4年であることがわかりました。

　このように、「意味がわかる」ということは、ニューヨークについての具体的なイメージを持つことができて、「あー、あの街ね」などといった理解ができているということです。

　速読では、このとき「ニューヨーク」の読み方ではなく、カタカナ語の文字列を見た瞬間に意味を理解するのです。カタカナ語はきわめて文章ブロックとして速読しやすいといえます。

「カタカナ語」と「ローマ字語」は、ビジネス文書・経済本・技術書・WEB上の文書を速読するときに理解するための最適の材料となります。

このように、「漢字・カタカナ語・ローマ字語」に集中する、これが文章ブロックで速読をする際のポイントです。

●**助詞（て・に・を・は）や、句読点は意識しない**
それでは「ひらがな」の部分、「て・に・を・は」はどうするのか？
次の文章を読んでみてください。

2番ホームに快速電車が到着します。次の電車は…

文章の中には、漢字とカタカナの単語・熟語があります。文章の意味はそこにあって、ひらがな部分にはほとんどありません。
では、次の文章ブロックを速読の方法で試してください。

2番ホーム　快速電車　到着　　　次　電車…

どうでしょうか？　理解できないという方は少ないと思います。
視野ブロックの中の漢字・カタカナ語・（ローマ字語）が意味を表わしていて、ひらがなの助詞（て・に・を・は）や句読点は、速読で理解するために重要ではないことがわかります。過激な言い方をすると無

視してもよいのです。

　もちろん、過去形の「到着しました」や未来形の「到着するでしょう」の場合は問題がある、とお考えの方もいるかもしれません。この例文は1行だけですから、この文だけでしたら確かにまずいとはいえます。しかし、通常文章は何行かで1段落というような形式になりますから、その段落の中でいきなり1行だけ過去形になったりはしません。段落全体で過去形になるほうが多いことからすると、それほど問題を生じたりはしないでしょう。

● **速読に向いている文章、向いていない文章**

　あるいは、「到着しません」の否定形の場合もありえます。この問題は、速読に向いている文章とあまり向いていない文章があるということに行きつきます。

　速読に向いていない文章は、小説・文学作品など、語尾の部分の変化が多い文章です。しかし小説などはこのいろいろに変化するところに作品の味があったりするわけですから、本書で訓練するような高速を求める必要がないのではないでしょうか。読書速度としては、平均の2、3倍＝1200文字強程度であるなら十分に対処が可能です。

　速読に向いている文章が、本書の訓練の対象であるビジネス文書・一般教養系・情報系・テキストです。

　こうした文章は基本的には情報を伝えるためのもの

ですから、あまり否定形は登場しません。ですから、文章全体の結論として否定的なものであったとしても、個々の文章が否定形かどうかは、それほど意識する必要がないのです。

最後に、問題があるとすると「とうちゃくします」のように漢字変換されていない場合です。これを解決するためには、ひらがなブロックの速読訓練の必要があります。

この点は、先に出版されている縦書きバージョン（『新書1冊を15分で読む技術』祥伝社新書）のほうにトレーニングがありますのでそちらをお読みください。

イメージ力と想起（アウトプット）力

「記憶力」という言い方をした場合には、2つの要素があります。

それは、文字通りの「記憶」と「想起」です。記憶はインプットであり、想起はアウトプットになります。

ランダムな数列などを記憶するのには限界があり、10桁以上を簡単に憶えられますという方は数少ないと思います。上手な記憶のためにはイメージが必要になります。これは記憶する中身が具体的なイメージとなって残りやすくなるからです。したがって、記憶力の向上にはイメージトレーニングが大変重要だという

ことです。

●**速読におけるイメージトレーニング**

イメージトレーニングを速読訓練に取り入れるというときの「イメージ」には、次の3通りあります。

①ビジュアル（視覚的）に実際に目に見えている、そのものの映像としてのイメージ。
　視覚だけではなく知覚的なもの（五感）と感情的なものも含めることができます。
②ここまで説明してきた理解すべき意味・内容を持ったイメージ。
　言語・語彙・概念など。
③連鎖的・連想的意味を持ったイメージ。

それぞれのトレーニングの前提となるポイントは、次のとおりです。
- より具体的で、よりはっきり鮮明なほうがよい。
- 日常よく出会い、何度も繰り返されるほうがよい。
- イメージとイメージする内容とが、強く関連づけされ結びつけられるほうがよい。

イメージトレーニングは、訓練というよりも日常的に、イメージ的な頭の使い方をいつも心がけることに始まるといってよいでしょう。なぜ日常的方法なの

か？　それは①〜③ではっきりしていますが、イメージは、できるかぎり具体的に、毎日数多く繰り返して、知識や経験のネットワークに結びつけて組み込む必要があるからです。

　よく、本を読んだけれども、その内容を人に説明することができないということがないでしょうか？　人に説明できるということはただ単に記憶（インプット）しただけでなく、想い出す（アウトプット）ことが必要になります。

　長期的な記憶には、正しくは「陳述的記憶」という分類があります。これは説明できる記憶という意味です。

　記憶されている内容は右脳にイメージとしてありますから、まずイメージングをすることで想い出し、そのイメージに左脳が論理的に意味づけをしなければなりません。右脳と左脳の両方をトレーニングすることになります。

　なんといっても、単に憶えている（はず）だけでアウトプットすることがないなら何の役にも立ちません。

　ここではランダムな数列をトレーニングの例にしてみましょう。いきなり10桁では多すぎますから6桁です。覚えようとするのではなく、数列を頭の中にそのままありありとイメージしてください。

357921

さて、紙面から目をあげて頭の中にイメージできている数列を後ろから逆に読み上げてください。

できましたか？

イメージと想起の関係もきわめて重要です。

これらは、訓練第5日（本読みトレーニング2日目）で行なう「理解・記憶のためのポイント」を大切にしてください。このイメージ力と想起力は、第5日以降にたくさんトレーニングします。

飛躍的な言い方ですが、この訓練はあなたの人生を変えるといって過言ではないほどの効果があります。

「スーパー速読」トレーニングの構成

●スーパー速読の3ポイント

速読の見方を達成する上で重要なのは、次の3点です。

①文字ブロックにいかに速く目＝視点を止めるか
②視点を止め焦点を合わせることのできる視野＝視幅をいかに拡大するか
③ブロックから次のブロックへといかに無駄なく速く移動するか

この速読の目を鍛えるために何種類ものトレーニングがあり、①〜③にそれぞれ対応しています。

　33ページにまとめたように、大きく分けると、

- **基本トレーニング**
- **目の強化トレーニング**
- **脳の強化トレーニング**

の3つです。

　この中で、①の目を止めるトレーニングは基本トレーニングの中の「視野アップトレーニング」で行ない「目の強化トレーニング」にも、その要素が若干含まれます。

　②の視野＝視幅の拡大トレーニングは、「視野アップトレーニング」と「目の強化トレーニング」の両方で訓練します。

　③の無駄なく速いブロック移動は、「目の強化トレーニング」で訓練します。

基本トレーニング

●集中力トレーニング
- 丹田呼吸法
- 一点集中法
- 集中力移動法

●視野アップトレーニング
- 集中力左右移動法
- 集中力上下移動法
- 集中力対角線移動法
- 集中力円移動法

目の強化トレーニング

- 記号式トレーニング
- 文字・数字式トレーニング

脳の強化トレーニング

- 本読みトレーニング
- 応用トレーニング(イメージ力)
- 応用トレーニング(想起力)

第 0 日
ファースト・チェックと目標設定

所要時間:30分

ファースト・チェック＝１分間読書速度チェック

●**チェックの前に**

　読書の経過時間を計るためにタイマーもしくはストップウォッチを用意してください。

　このチェック以降のさまざまなトレーニングでは、すべて時間（1分間・2分間）を計りながら行ないます。文章を速読するトレーニングは4日目以降に行ないますから、このときにも経過時間を計って記録しながらトレーニングを進めます。

　このタイマーとストップウォッチは、携帯電話のメニューに入っていますし、より進んだスマートフォンなどではダウンロードすることもできるでしょう。

　単体のタイマーあるいはストップウォッチを購入する方は、カウントダウン機能とカウントアップ機能の両方を備えたものを探すとよいでしょう。ディスカウントショップの時計コーナーなどでよく見かけます。

●**ファースト・チェック　＆　目標設定**

　スーパー速読1週間のトレーニングに入る前に、現在のあなたの実力をチェックして記録しておきましょう。この1分間読書速度チェックは、スーパー速読のセミナー講座・講習会でも必ず最初に行なっています。トレーニングに入る前の現状を把握し、当面目標

とする3倍から3000文字/1分間という速さがどれくらいなのかをはっきりさせておくことは重要ですし、また必ず記録をしていくことで1週間トレーニングの進捗状況も明確になるからです。

　このスーパー速読1週間のカリキュラムを開始したときと終了したときのあなたの速読能力を比べると、その差にご自分で驚かれることでしょう。

　40、41ページは、ファースト・チェック用の文章です。約1200文字あります。各行右の数字はそこまでの文字数になりますから、読後にこの文字数と1行の文字数から読み終えた文字数を計算できます。あなたの1分間読書速度は何文字でしょうか。

　読み方には、以下の3条件をつけます。

【条件1】現在のあなたの読み方で、できるかぎりの速度で読んでください。
【条件2】できるかぎり読んだ内容を理解してください。
【条件3】名称なども可能なかぎり憶えてください。

　この条件で読んでいただくと読書速度に対して最も集中した場合は、1200文字を1分足らずで余裕で読みきることができる方も多くいらっしゃるかもしれません。

しかし、単に目を通しただけの場合には、内容はあまりよく理解していないがとにかく読み終えたということになりかねません。「あー、速く読むのに必死でほとんどわかっていないなー」というわけです。

　やはり「わかっていなければ読んだとはいえません」から、ただ速く文字の上に目を走らせるだけというのではいけません。

　あるいは、内容の理解と憶えることに集中した場合は、当然ながら読書速度は上がらず、しかも意外なほど憶えたはずの内容に自信が持てない、ということにもなりかねません。

　このことは実は重要なポイントですから、後のページで解説します。また読後には理解度チェックがあります。

　読後、1分間の読書文字数をファースト・チェック記入シート（42ページ）に記録しましょう。

　チェック項目は以下のとおりです。1分間の読書後に記録してください。

- **速読スピード**　＝　**1分間に読んだ文字数**
- **内容の理解度**　（優・良・可・不良）
    - **優**：内容の詳細まで理解し、固有名詞などもつかめている
    - **良**：内容の主な流れをつかみ、かなり理解できている

可：文章内容の大筋がわかっている

●読書中の集中度（優・良・可・不良）

集中度の良否は、数値にすることはできませんから感覚的に自己採点してください。

●記憶力（単語・熟語）＝書き出しとその個数

読み終えた内容の中で想い出せる単語・熟語・名称などを書き出してください。書き出しの時間は、2、3分程度までとします。いくつの単語を書き出すことができるでしょうか。このカリキュラムを進めていく上では、記憶力はそのトレーニングの要素もふくめて、単語の「数」で判断し、訓練していくことにします。読後感や感想文などでチェックすると文章の上手下手という異なった基準が必要になってしまい基準が曖昧になってしまうからです。

それでは1分間を計って読んでください。

> ファースト・チェック（約1200字）

●ドラッカーが予言した「知識社会」

　２００８年に『広辞苑』の第６版が出版された。

　この新版では、10年前に出版された第５版以降、日常生活に新たに定着したと思われる言葉が１万語追加収録されている。「中食」も新たに加えられた言葉のひとつで、「なかしょく」と読むのが一般的だ。フード・サービスの関係者には常識語かもしれないが、まだまだ意味を知らない人が多いのではないか。

　レストランやファスト・フード店など、家の外でとる食事を外食と言う。この対義語として内食という語もある。家庭内で調理してとる食事のことだ。一方、核家族化や単身者の増加で、総菜や弁当を買ってきて、家でとる食事が目立ってきている。外食と内食の中間だからこれを中食と呼ぶ。

　もともとは90年代の初めにできた言葉だという。そして今や、単身者の場合、１週間に一度は中食のお世話になるという調査結果もある。弁当ビジネスや総菜ビジネスを総称して中食産業とも言われるようになってきた。誕生して20年にも満たない言葉ではあるが、中食は着実に世の中に定着してきている。

　中食のように、社会の新たな変化は、まず造語によって世間に広く示されることが多い。そして、その変化が本物で、造語の表現がその変化の核心を突くのならば、その言葉は世の中に定着することになる。

　世間には、この造語を作るのが上手な人がいる。ピーター・ドラッカーもその一人であろう。

　たとえば、現代の企業に一般的に見られる事業部制を

示す「分権制」、政府事業を民間に移行する「民営化」などという言葉が、ドラッカーによって広められたものだと言うと、驚く人もいるかもしれない。また、本書との関連も深い「知識社会（ナレッジ・ソサエティ）」という言葉もドラッカーによる造語である。

知識社会とは一見目新しい言葉のようだが、ドラッカーがこの語の着想を得たのは、第二次世界大戦後しばらくしてのことだというからかなり古い。その後、１９５０年代後半になると、知識社会はドラッカーの著作の中に登場するようになる。したがって、知識社会という語は生まれてからすでに半世紀ほどの歴史を持つ。

知識社会とは、知識が「資本と労働をさしおいて、最大の生産要素」となった社会を指す。もう少し平たく言うと、知識が最も重要な生産手段となる社会、これが知識社会である。そして、この最も重要な生産手段である知識を有する人々のことを、ドラッカーは「知識労働者」と呼んだ。

知識社会の主役とも言える知識労働者には大きな特徴がある。それは、労働者が知識という生産手段を間接的ではなく自ら所有しているという点だ。

しかもその知識は、持ち運んで別の場所へと容易に移動できる。つまり知識が最大の資源、真の資本になるということは、かつて資本家が有していた生産手段と生産要素を、知識労働者が完全に所有するに至ったことに他ならない。これは知識社会の大きな特徴のひとつと言える。

ファースト・チェック記入シート

　年　月　日

速読スピード　　　　　　[　　　　　文字／分]

内容の理解度　　　（優・良・可・不良）
読書中の集中度　　（優・良・可・不良）

覚えている単語・熟語・名称などを書き出しましょう

....
....
....
....
....
....
....

単語などの数　　　　　　[　　　　　語]

ファースト・チェックと目標設定 第**0**日

📖 速読スピードの目標を設定する

●速読の本当の目的は？

次の章（第1日）から実際のトレーニングを行ないますが、その際に「こんな訓練で本当に速読ができるようになるのか」という疑問や不安が生じることがあるかもしれません。しかし、迷いながらトレーニングしていてはあなたの能力を引き出すことはできません。

このとき大切なのは「必ず速読を習得する！」という意志です。

実は日本速読協会のセミナー講座を受講された方々とお話をしても、速読の習得そのものが目的で参加したという方はごく少数です。速読は目的ではなく、みなさんの「本当の目的」を達成するための手段です。そのための能力を伸ばすツールなのです。

もちろん、本を読むことが大好きでとにかくたくさん読みたいという方はいらっしゃいます。ですが、速読が目的＝例えば速読のインストラクターになりたい、速読で有名になってテレビに出たいなどという人は少ないのです。

「本当の目的」は、読む能力を高めて仕事にビジネスに役立てたい、資格を取ってスキルアップしたい、もちろん受験の方は学力を向上させたい、などでしょう。あなたの「本当の目的」をはっきりさせておけば、

速読の達成の度合いも当然高いレベルになります。

●目標を記入する

　スーパー速読の入門・初級レベルとしている「3倍」の速読には、個人差はありません。つまり、誰でも必ず達成できます。さらにトレーニングを継続することで10倍程度、絶対文字数としては6000〜8000字くらいまではかなりの確率で達成可能です。これは日本速読協会の30年近い講習経験に基づいて、そういい切ることができます。

　ちなみに、日本速読協会では「速読検定」を実施していますが、この10倍の読書速度は速読検定3級にあたり認定講師の最低条件です。さらにレベルの高い講師は、3万字を超える者も多数います。

　では、どれくらいの期間で「3倍」になるのか。ここでもタイトルの「1週間」に個人差はない、といいたいところです。

　しかし、この期間差には若干の余裕をみておいていただいたほうがよいでしょう。

　トレーニング時間にそのまま比例してスピードが伸びるということよりも、最初は伸び悩んでいた能力がトレーニングを続けることで、どこかの時点でぐんぐん伸びてくるほうが多いからです。

　それでは、目標記入シート（45ページ）に1週間カリキュラム終了時の目標を記入しましょう。

もちろん期間を1週間に限定せずに、さらに高い目標であってもまったくさしつかえはありません。サインペンなどの太い筆記具で、できるだけ大きくはっきりと書き込みましょう。自分自身への決意表明です。

目標記入シート	今日の日付　　月　　日
終了時までに達成したい目標を記入しましょう	いつまでに　　　月　　日

読書スピード
文字／分

開始時点の　　　　　　　　　　　　　　　　　倍

ファースト・チェックの結果を評価する

●速読スピード

ファースト・チェックの結果はどうでしたか？

思ったように読めて十分と思えるほど単語などを書き出すことができましたか？

日本人の読書速度は、平均的には縦書きの場合は400〜600字/1分間、横書きの場合には2〜3割ほど速く読めて500〜800字/分程度です。

もちろん、一般的な同一の文章を縦書き・横書きにして比較した場合です。

　これは横書きが黙読しやすいというよりも、文章を左から右へ目の移動をするほうが楽であることが理由でしょう。私たちの目の筋肉＝眼筋は左右のほうが大きく動きますから、当然縦に眼球を動かすよりも横のほうが得意なのです。

　これはスポーツなどでも同じで、例えば野球でも横に変化するボールにはそれなりに目はついていきますが、縦の変化球は消える魔球になってしまうのです。

　声を出す音読の場合、わかりやすい例としてはNHKのアナウンサーがニュースを読む速度は400～500字/分のようです。

　声を出さない黙読のほうが当然少しだけ有利なわけです。

　トレーニング前の評価として、400字未満の方は遅いほうだと考えてください。800字を超えた方は普通の読み方としては相当に速いと考えてよいでしょう。

　しかし、この個人差もどこまでもそのままということではありませんから、速度目標を達成できるように頑張りましょう。

●記憶力（単語の書き出し数）

　次に、単語の書き出し数について。

　平均的な書き出し数は、5～10単語程度であること

がわかっています。つまり記憶のメモリー＝記憶のポケットが通常は5～10個あると考えてください。

5単語以下の場合は、おどかすわけではありませんが、将来的に危ないかもしれません。年齢を経るにしたがい、新しいことがなかなか憶えられなくなったり、名前や名称などがすぐに出てこなくなったりしがちなのです。

10単語以上の方はとても優秀ですから本書の後半の記憶力トレーニングでさらに磨きをかけましょう。

今回のような方法で行なう記憶は、短期的な記憶ですから一定の時間経過により忘れてしまいます。

しかし、この短期記憶は記憶力の一時的なメモリー量ですから、やはりとても重要です。

わかりやすい例としては、携帯電話の下8桁の番号を考えてみましょう。電話番号を手入力してかけたり、番号を登録する際に8桁を一度に憶えることはできますか？　8単語以上書き出した方も、「ちょっとなー」と思うかもしれません。

単純に憶えようとすると、短期記憶のメモリー＝記憶のポケットは1数字に1つ必要になりますから、8桁なら8ポケットです。しかし、これを4桁の1ブロックという方法を取ることができると、記憶のポケットは2個ですむのです。

このような方法でクレジットカードの16桁の番号を記憶することも可能です。インターネットサイトに

カード番号を記憶させてしまうのはやはり不安がありますから、ネットショッピングには便利です。

このトレーニングには、イメージトレーニング＋想起トレーニングが必須です。本書の後半で行ないますので、ぜひ着実に訓練を進めてください。

第1日
速読に必要な集中力を鍛える

― 基本トレーニング1　集中力トレーニング ―

所要時間：45分

基本トレーニングとは

「基本トレーニング」は、"スーパー速読"をマスターする上で、もっとも重要な基礎の部分です。カリキュラムに従って、毎日規則正しいトレーニングを行ないましょう。トレーニング持続のコツは1日も早く、自分のリズムをつかむことです。訓練の時間帯は朝食をとる前であるとか、お昼休みの時間など、なるべく1日の早い時間帯が望ましいです。夜間は避けたほうがよいでしょう。

実際のトレーニングは［トレーニングシート］（＝91～99ページ）で行ないます。

この解説・説明と［トレーニングシート］を確認しながら読み進めてください。

「基本トレーニング」には、「集中力トレーニング」と「視野アップトレーニング」があります。第1日はこのうち「集中力トレーニング」を行ないます。

第1日のトレーニング結果は「基本トレーニングのチェック表」（＝58ページ）へ記入してください。

●訓練の手順

速読1週間カリキュラムの期間中は毎日、トレーニングの初めに行ないます。スーパー速読に必要な「集中力をつける」ことを目標に、訓練を進めます。

集中力トレーニングには、
(1) 丹田呼吸法
(2) 一点集中法
(3) 集中力移動法
の3種類があります。

このトレーニングによって、必要なときに集中力を発揮することが可能になります。速読をするときだけではなく、あらゆる場面で有効です。受験勉強でも、目の前に積まれた書類の山でも、資格試験のための分厚い参考書でも、どんなときにも最大限の集中力を発揮することができるようになること、それが本来の目標なのです。

しかも、仕事のための情報収集、試験のための勉強を長い期間をかけて行なったと仮定してください。その成果をためされる会議の場や試験会場で、努力の結果を出さなければならない、長期間の努力を無駄にすることはできない、そのときのためにこそ集中力トレーニングはあります。

あらゆる分野の集中力発揮に役立て、応用することができる。そのことを忘れずに取り組んでください。

【(1) 丹田呼吸法】

スーパー速読の基本が、この丹田呼吸法です。この

呼吸は、古くから臍下丹田（せいかたんでん）とも呼ばれて体の根本であるといわれる下丹田（ヘソの下約8センチの部分）で行なわれる、深くゆっくりとした呼吸です。

この部分に息を深々と吸いこみ、息を約2倍の時間をかけて、ゆっくりと吐く、これが丹田呼吸法です。

まず、目は開いたまま、あごを引き、背筋をまっすぐにして正しい姿勢をとり、全身をリラックスさせ、心身ともにやすらかな、静かな状態を保つようにします。呼吸は細く、長く、静かな呼吸です。鼻で吸い鼻から吐きます。6秒で吸い、吸った時間の2倍の12秒で吐きます。通常は1分間の呼吸数は平均17回ほどです。この丹田呼吸では、1分間に3〜4回の呼吸をします。そのために、自律神経が素晴らしく活発化し、心身安定のための集中力（α波の出た状態）だけでなく、ベストコンディションの状態を保つことができるのです。

トレーニング方法　　トレーニングシート＝91ページ

- トレーニングシートのイラストを参考にしてください。
- 1回のトレーニング時間は1分間です。これを2、3回行ないます。
- 背つきイスの場合は少し前に腰掛け、背もたれは使用しないでください。

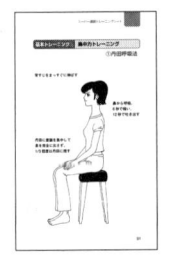

速読に必要な集中力を鍛える 第1日

- 背筋をまっすぐ伸ばし、あごを引き、首筋を伸ばします。
- 下丹田に意識を集中します。
- 下丹田に息を入れるイメージで鼻から6秒で吸い、12秒で鼻から出します。
  肺活量の少ない子供や女性の方は約4～5秒で吸い、約8～10秒間で吐いてもかまいません。
  息を出してもなお少し（30％くらい）残っているイメージで呼吸します。
- 6秒吸って12秒で息を吐く呼吸を、回数を数えながら行ないます。
  呼吸法が身につくに従い、数を数えることなくできるようにしてください。
- トレーニング時間は慣れてきたら2分間にします。

▶それでは1分間×2～3回、「丹田呼吸」をします。
▶呼吸しおえたら1回ずつうまくできたかどうか、結果を58ページに記録してください。

●丹田呼吸の極意
　姿勢を調え、息を調え、そして心を調える……この順番です。

調身：姿勢を調えることにかかわるポイント。集中力のスタンス。

調息：息を調えることにかかわるポイント。集中力へアプローチ。

調心：6秒と12秒をしっかり数えて呼吸することのみに専念する。コンセントレーション（集中）。

これら、極意の3ポイントをしっかりイメージして習得してください。

【(2) 一点集中法】

集中力をよりいっそう強化するためのトレーニングです。

この黒点一点をじっと見つめる一点集中法は、瞬きをせず精神を集中させ、丹田呼吸法をしながらトレーニングします。これによって、耐久力や持続力が強化され、視覚の集中力を最大に発揮させます。また、一点が、確実に、大きく、捉えられるようになります。

トレーニング方法

トレーニングシート＝92ページ

- 呼吸は丹田呼吸です。
  丹田呼吸をする際の姿勢や呼吸方法、数を数えることなどに注意してください。
- 丹田呼吸法と同じ姿勢をとり、デスクなどの上にこのドリルを少し角度

速読に必要な集中力を鍛える 第1日

をもたせて持ちます。訓練図の中央に鼻筋がくるようにします。
- 目をやや大きく見開いて、軽くあごを引き、瞬きをしないで1分間、焦点を合わせて集中します。
- 黒点は、はっきり、大きく見える、と自己暗示をかけます。
- 黒点を凝視(ぎょうし)すると、黒点の周りに太陽のコロナのように明るい残像が出ます。
 この残像がゆがんでいたり、あちらこちらに移動したりしてはいけません。
 大きな真っ白の残像の中心に黒点を大きく捉えられるのが理想です。
- 1回のトレーニング時間は、1分間。2～3回行ないます。

▶それでは1分間×2～3回、「一点集中」してみましょう。
▶**訓練しおえたら1回ずつうまくできたかどうか、結果を58ページに記録してください。**

【(3) 集中力移動法】

丹田呼吸法と一点集中法をとり入れて、視点をスムーズに一定のリズムで移動させるトレーニング法です。目が移動しても集中力を落とさないようにするト

レーニングです。マスターすると眼球を一定した速さで正確に移動できるようになり、いつでも視点を見る対象に合わせることができるようになります。

トレーニング方法　　　　トレーニングシート＝93ページ

- 呼吸は丹田呼吸です。
  丹田呼吸をする際の姿勢や呼吸方法、数を数えることなどに注意してください。
- 丹田呼吸法と同じ姿勢をとり、デスクなどの上にこのドリルを少し角度をもたせて持ちます。訓練図の中央に鼻筋がくるようにします。
- 目をやや大きく開いて視点を移動します。このとき、瞬きをできるかぎりしないように気を付けましょう。
- 黒点と黒点の実線にそって視点を移動します。最初の黒点に集中力を最大にして1秒見つめ、次の黒点へ5秒かけて視点を移動します。
  そして次の黒点を、1秒見つめます。さらに次の黒点へ5秒で進みます。
  この繰り返しで視点を移動します。
- 6秒吸って12秒で息を吐く呼吸の数を数えながら視点を移動しますから、最初の黒点から2つめの黒点までが、丹田呼吸の息を吸う6秒間、2つめの黒点

速読に必要な集中力を鍛える 第1日

から3つめまでは丹田呼吸の息を吐く6秒間、さらに3つめから4つめまでがさらに丹田呼吸の息を吐く6秒間になります。
この繰り返しで視点を移動します。
- 黒点がハッキリと目に入ってくる、と自己暗示をかけましょう。
- この方法で1分間左から右へ、つづけて1分間右から左へ視点を移動します。
ほぼ2分間で誤差なく終了できるのが理想です。
- 1回のトレーニング時間は、黒点の左から右までの1分間。2～3回行ないます。
トレーニングに慣れてきたら左から右、右から左というように連続して往復する2分間にします。

▶ それでは1分間×2～3回、「視点移動」します。
▶ 訓練しおえたら1回ずつうまくできたかどうか、結果を58ページに記録してください。
▶ トレーニングシートは本書を横にもって訓練します。

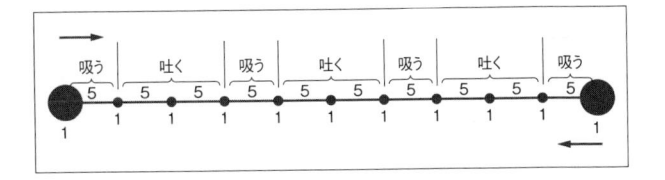

基本トレーニングのチェック表

●集中力トレーニング

丹田呼吸法 〈1分〉	●背筋を伸ばした正しい姿勢をしていますか ●呼吸は6秒／12秒でスムーズにできましたか ●集中して行なうことができましたか	1回目 優・良・可 2回目 優・良・可 3回目 優・良・可
一点集中法 〈1分〉	●瞬きをせずに行なうことができましたか ●焦点が定まっていますか ●丹田呼吸はスムーズにできていますか	1回目 優・良・可 2回目 優・良・可 3回目 優・良・可
集中力移動法 〈1分〉	●丹田呼吸はスムーズにできていますか ●スムーズに視点移動ができましたか ●1分間で往復運動ができましたか	1回目 優・良・可 2回目 優・良・可 3回目 優・良・可

チェック表に記入しましょう

●瞬きを我慢することができない＝凝視がうまくできない方にアドバイス

セミナー講座に参加される方の中には、凝視が続けられないためにポロポロと涙が出てしまう……という方も実際いらっしゃいます。これでは集中力どころではありません。本来は1分程度の凝視はできて当然なのですが、現代ではドライアイの人が増えています。

そこで、瞬きはしてもかまいませんが、そのときパタパタパタと連続ではしないようにしましょう。連続させてしまうと集中力移動法などでは必ず視点が飛んでしまいます。実際の速読をしている場合にも同様にどこを速読していたのかわからなくなることにつながります。

我慢できなくなって瞬きをするときには、目を細めるのではなく、目をより見開きます。そして1回でパチリと瞬きをします。訓練時間の1分／2分の間に何回瞬きしてもかまいませんが、連続してしない。これがポイントです。

●丹田呼吸について

スーパー速読法の本来のトレーニングでは、基本トレーニングから目の強化トレーニング、本読みトレーニングまでのすべてにおいて丹田呼吸します。

しかし、丹田呼吸ができなければ速読を習得することができないということは決してありません。もちろ

ん丹田呼吸できるほうが望ましいことは確かですが、集中力トレーニング以外の訓練でそれぞれの本来のトレーニング目的に支障をきたす場合も考えられます。

そこで、本書では1週間のカリキュラムであるということから丹田呼吸はすでに行なっていただいた3つの集中力トレーニング（丹田呼吸法・一点集中法・集中力移動法）においてのみ行なうこととします。

とくに初心者は、第2日の視野アップトレーニング以降の訓練では、あまり丹田呼吸は意識せず、息をおなかで整えるくらいの気持ちでリラックスしてのぞんだほうがよいでしょう。

📖 残像チェックの実験

理論のページで解説したようにスーパー速読は文字のブロックで読み進みます。

これは1回だけ1ブロックだけであればとくに難しいことではなく、例えば、

「三菱東京ＵＦＪ銀行」　　　「東京国際フォーラム」

……これは9文字のブロックですが、何の問題もないはずです。

実は人間の視野は、思っているよりもはるかに広い範囲を捉えて脳に情報を送っているのです。それでは

いったいどれくらいの視野があるのでしょうか？　実験してみましょう。

62ページの数字を配置した図表で、残像チェックを行ないます。

●**訓練手順と注意点**
この訓練は本書を横にもって行ないます。一点集中法の要領で、図表中心の小さな黒点を凝視します。

凝視の時間は、30秒間です。

一点集中法の黒点よりかなり小さくなりますが、見つめている30秒間は黒点から視点がはずれないように集中してください。

目は見開きぎみに、瞬きはできるかぎりしないこと。また、周囲に目をやったり、とくに数字を覚えようなどとは決してしないこと。

凝視して30秒経過したら、本書を横にもった状態のまま次（下）のページの白紙にスムーズに視点を移動させ、2〜3回かるく瞬きします。

それでは、ひたすらに視る！　最大限に集中して、開始！

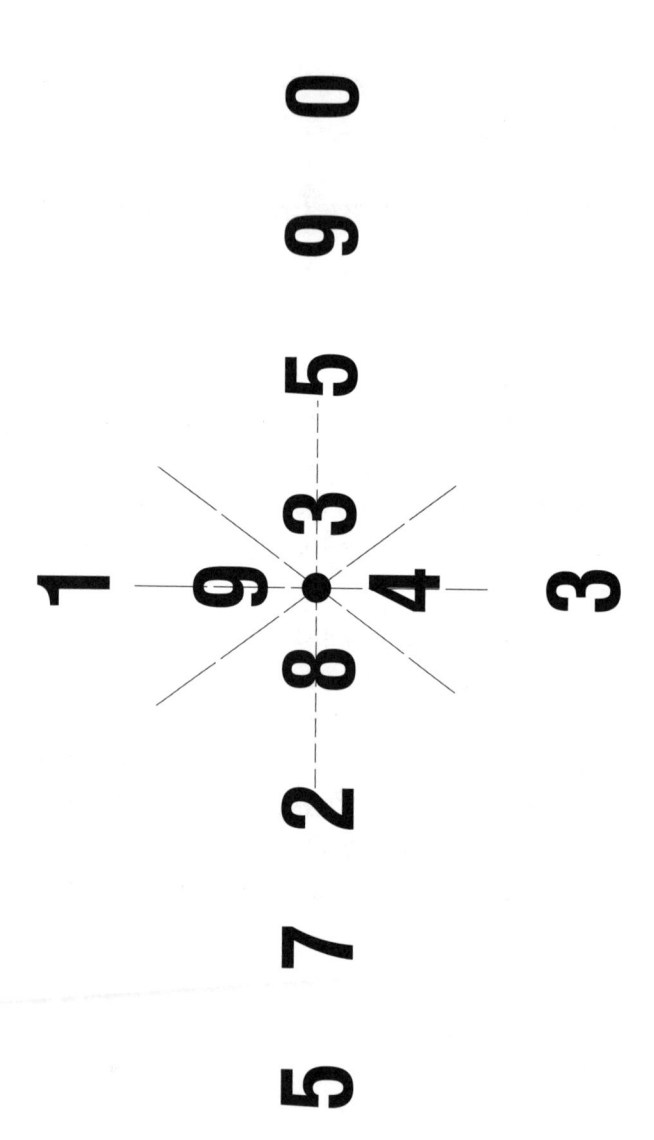

速読に必要な集中力を鍛える 第1日

【解説】

　目に見えている対象物は目の水晶体と神経をとおして頭脳が視ているのです。

　この訓練のように30秒間という長い時間見つめると、その1点の情報だけではなく、中心視野に入る情報全体が網膜に残像という形で残ります。

　つまり、1文字ずつ普通に黙読しているときにも、実際は読んでいる前後の文字に対しての情報も脳には届けられているのです。しかし、1文字ずつ視点を移動させて、音として読んで理解していくという制約上、何文字も情報としては届くことが可能であってもほとんど意味がないことになります。

　しかし、速読の場合は頭の中で黙読するのではなく、初めから文字ブロックとして理解するトレーニングですから、頭脳に届く文字数が多ければ多いほど有利になります。このことによって、普通の読み方の何倍もの速度が可能になるのです。

　初めて行なう今回はまだ、中心寄りの4数字くらいが残像として出てくるだけかもしれません。しかし、2日目以降で行なう「視野アップトレーニング」によって、最終的にはページ全体の残像が残るくらいまで範囲を拡げられます。

　このように視野は、トレーニングで大きく拡げることができるのです。

速読に必要な集中力を鍛える　第1日

※残像訓練は、何度も連続して繰り返すことはやめてください。
※何度繰り返してもほとんど残像が出てこない方が少数ですがいらっしゃいます。特にご高齢の方はご注意願います。

第 2 日
「眼筋」を鍛えて視野を拡げる

— 基本トレーニング2　視野アップトレーニング —

所要時間：45分

第1日の復習から始めよう

 第2日は、まず第1日の集中力トレーニングを反復することから開始します。「丹田呼吸法」2分、「一点集中法」1分、「集中力移動法」2分を各2、3回行なってください。

 その後、第2日のカリキュラム、視野アップトレーニングに進みましょう。

 スーパー速読法の本来のトレーニングでは、すべてのトレーニングを丹田呼吸で行ないます。ただ、前にも述べたように本書では1週間のカリキュラムであるということから丹田呼吸は集中力トレーニング（丹田呼吸法・一点集中法・集中力移動法）においてのみ行なうこととします。

 第2日の視野アップトレーニング以降の訓練では、あまり丹田呼吸は意識せず、息をおなかで整えるくらいの気持ちでリラックスしてのぞんでください。

基本トレーニング2　視野アップトレーニング

 視野アップトレーニングは、目の焦点を合わせたときの視野の幅を拡げるトレーニングです。これから紹介する4つのトレーニング方法は、視野を拡げ、視野神経の発達を促します。各々の方法で黒点から黒点に速やかに視点を移動できるようにトレーニングします。

 その結果、文字のブロックが、文章ブロックとして

ひと目で見えるようになります。また眼球を支える6つの眼筋の働きをバランスよくする効果もあります。視力と眼力が自然につくので、眼球と眼筋の働きも、速くなるのです。

このトレーニングを行なった結果、仮性近視や乱視、遠視が、トレーニング以前に比べて、よくなったという報告を多くの人から受けています。この点に期待してトレーニングに取り組んでいただいてもよいでしょう。

●**目を流す速度でなく、焦点を合わせる速度を上げる**

このトレーニングで重要なポイントは、黒点から黒点に線を追っていって、目を流していくための速度を上げるのではない、ということです。まぎらわしいのですが、この速度アップとは、焦点が合うまでの速度を上げることと合っている時間の短縮なのです。

そのために1分間の視点移動トレーニングをするあいだに、一定のリズムで訓練する必要はありません。つまり、短い時間でよいから瞬間的に速い移動リズムを作り、緩急をつけてトレーニングごとに移動速度を速める必要があります。この繰り返しは、眼筋のフィジカルなスポーツトレーニングといってよいでしょう。

●**理想的な視点移動速度の目標例**

これから行なう「集中力左右移動法」、「集中力上下

移動法」、「集中力対角線移動法」のトレーニングは筋トレでいうところのアップトレーニングです。

そこで「集中力左右移動法」を例として視点の移動速度の数値目標を決めておくことにします。

黒点に目を止める時間の目標は、0.3秒間です。「集中力左右移動法」の黒点は全部で10個ですから1回の目標は、3秒間となり、1分間継続して行なったときの目標は、20回になります。

ただし、トレーニングをしながら回数を数えるのには困難があります。1分間にできる回数をチェックしたい場合は、メモ紙を用意して左右移動が1回終わるごとにレ点などを記します。1分間を終えてからレ点を数えます。当然本書は片手で支えることになりますから、トレーニングとしてはあまりよくありません。毎回のトレーニングで回数を数えるということではありません。

上下移動と対角線移動は左右のように初めに戻ることはありませんので、左右移動でスピード感覚を確認してください。

【①集中力左右移動法】

トレーニング方法　　トレーニングシート＝94、95ページ

- これまでのトレーニングと同じ良い姿勢をとり、デスクなどの上に本書を少し角度をもたせて持ちます。訓練図の中央に鼻筋がくるようにします。
- 呼吸は通常の呼吸でかまいませんが、なるべくおなかで息を整えるようにしたほうがよいでしょう。
- 左の黒点を瞬時に的確に捉えた後、すばやく右の黒点へ移動します。
　下までいったら初めの上の黒点戻ってください。その繰り返しです。
- 線を追うのではなく、点から点に視点をできるかぎり速やかに移動します。
- トレーニング中に視点の動きにつられて頭をふらないように注意してください。
- 1回のトレーニング時間は、1分間。できるだけスピードアップしてスムーズに反復しつづけ、2～3回行ないます。

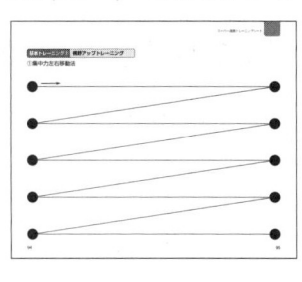

▶それでは1分間×2～3回、「左右移動」します。

▶訓練しおえたら1回ずつうまくできたかどうか、結果を76ページに記録してください。

【②集中力上下移動法】

トレーニング方法　　トレーニングシート=96、97ページ

- このトレーニングは、目の柔軟性を最大に活用する訓練です。リラックスして行なってください。
- これまでのトレーニングと同じよい姿勢をとり、デスクなどの上に本書を少し角度をもたせて持ちます。訓練図の中央に鼻筋がくるようにします。
- 呼吸は通常の呼吸でかまいませんが、なるべくおなかで息を整えるようにしたほうがよいでしょう。
- 顔や体を動かさず、黒点と黒点を上下にできるかぎり速く的確に捉えて視点を移動します。
- 時間は1分間。視点はこの時間中、反復しつづけます。

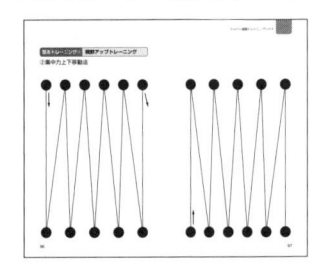

縦の視野を拡げるための視点移動のトレーニングです。

▶それでは1分間×2～3回、「上下移動」します。

「眼筋」を鍛えて視野を拡げる 第**2**日

▶訓練しおえたら1回ずつうまくできたかどうか、結果を76ページに記録してください。

【③集中力対角線移動法】

トレーニング方法　　　トレーニングシート＝98ページ

- よい姿勢をとり、デスクなどの上に本書を少し角度をもたせて持ちます。訓練図の中央に鼻筋がくるようにします。
- 呼吸は通常の呼吸でかまいませんが、なるべくおなかで息を整えるようにしたほうがよいでしょう。
- 黒点から黒点へ矢印の方向へ、上下、対角線の視点移動を的確にスピーディーに行ないます。
- 視点移動のスピードアップは重要ですが、そのあまり対角線を省略して8の字に目を流してはいけません。視点の移動は鋭角にできるようにします。
- 顔や体を動かさないように注意しましょう。時間は1分間で、繰り返します。

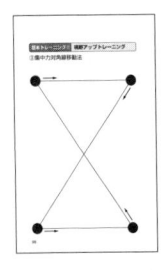

▶それでは1分間×2～3回、「対角線移動」します。
▶訓練しおえたら1回ずつうまくできたかどうか、結果を76ページに記録してください。

【④集中力円移動法】

トレーニング方法
トレーニングシート＝99ページ

- よい姿勢をとり、デスクなどの上に本書を少し角度をもたせて持ちます。訓練図の中央に鼻筋がくるようにします。
- 目をやや大きく見開き、15秒間くらい、円弧の上部にある黒点が時計まわりに進むイメージをつくりながら眼球を実際にできるかぎり円に回転させます。
1回転1秒程度のスピードで、目がスムーズに円を描くようにします。
- さらに目を閉じて、黒点（残像は白）を頭の中にイメージし、時計方向に15秒間くらい、目は閉じたまま眼球を回転するトレーニングをしてください。
- 次に、目を開き同じように回転は逆方向に15秒間、トレーニングします。
さらに15秒間目を閉じて逆方向の回転トレーニングを行ないます。
- 目を開いて眼球は時計回し、目を閉じてイメージしながら時計回し。
- 目を開いて眼球を反時計回し、目を閉じてイメージしながら反時計回し。
- リラックスした状態で、自然に円を描けるように心

がけてください。
- 時間は全部で1分間。タイマーは15秒にはセットせず1分間内でおおまかに行なってかまいません。

※この円移動法は、視点の移動速度を速める訓練ではありません。
　ここまで行なった左右・上下・対角線でできるかぎりスピードアップしてトレーニングした眼筋をリラックスさせる目的の訓練です。
　アップした眼筋のクールダウンにあたると考えて、いかに眼球を滑らかにかつ円をイメージしながら回転させるかがポイントです。
※シートの円弧よりも眼球の回転は大きくてかまいません。
※この円移動法では、丹田呼吸をともなって行なうことが理想的です。
　したがって眼球の円移動に慣れてきたら、15秒間×4の円移動を、6秒+12秒（18秒）の丹田呼吸に合うように、18秒間×4に変更してください。

▶それでは1分間×2〜3回、「円移動」します。
▶訓練しおえたら1回ずつうまくできたかどうか、結果を76ページに記録してください。

　以上で、基本トレーニングは終わります。トレーニングの始めには疲れるかもしれませんが、毎日トレーニングを続けることで、すぐ慣れてきます。
　この「基本トレーニング」を完璧にマスターすることが、速読への第一歩です。必ずマスターしましょう。

★トレーニングをするときの注意事項
- トレーニング時間は、1日30〜60分を目安にしてください。
- 必ず「基本トレーニングのチェック表」に記入する習慣をつけましょう。

基本トレーニングのチェック表

●集中力トレーニング

丹田呼吸法〈2分〉	●背筋を伸ばした正しい姿勢をしていますか	1回目 優・良・可
	●呼吸は6秒／12秒でスムーズにできましたか	2回目 優・良・可
	●集中して行なうことができましたか	3回目 優・良・可
一点集中法〈1分〉	●瞬きをせずに行なうことができましたか	1回目 優・良・可
	●焦点が定まっていますか	2回目 優・良・可
	●丹田呼吸はスムーズにできていますか	3回目 優・良・可
集中力移動法〈2分〉	●丹田呼吸はスムーズにできていますか	1回目 優・良・可
	●スムーズに視点移動ができましたか	2回目 優・良・可
	●2分間で往復運動ができましたか	3回目 優・良・可

●視野アップトレーニング

左右移動法／上下移動法／対角線移動法〈各1分〉	●目は自然に一定のリズムで動いていますか	1回目 優・良・可
	●黒点を正確に捉えていますか	2回目 優・良・可
	●点から点へ、線を追わないでスピーディーに視点移動ができていますか	3回目 優・良・可
円移動法〈1分〉	●一定速度で円の軌道上を移動できていますか	1回目 優・良・可
	●目を閉じたときもスムーズに移動できていますか	2回目 優・良・可
	●目を閉じたときもスムーズに円軌道をイメージできますか	3回目 優・良・可

第3日
もっとも重要な「目の強化トレーニング」

所要時間：60分

📖 反復トレーニング

　第3日も、まず第1日の集中力トレーニングと第2日の視野アップトレーニングを反復することから開始します。各2、3回行なってください。その後、本日の「目の強化トレーニング」に進みましょう。

　反復トレーニングの結果は「チェック表」(＝79ページ) へ記入してください。

　第3日の目の強化トレーニングでも、あまり丹田呼吸は意識せず、息をおなかで整えるくらいの気持ちでリラックスしてのぞんでください。

もっとも重要な「目の強化トレーニング」 第3日

基本トレーニングのチェック表

●集中力トレーニング

丹田呼吸法 〈2分〉	●背筋を伸ばした正しい姿勢をしていますか ●呼吸は6秒／12秒でスムーズにできましたか ●集中して行なうことができましたか	1回目 優・良・可 2回目 優・良・可 3回目 優・良・可
一点集中法 〈1分〉	●瞬きをせずに行なうことができましたか ●焦点が定まっていますか ●丹田呼吸はスムーズにできていますか	1回目 優・良・可 2回目 優・良・可 3回目 優・良・可
集中力移動法 〈2分〉	●丹田呼吸はスムーズにできていますか ●スムーズに視点移動ができましたか ●2分間で往復運動ができましたか	1回目 優・良・可 2回目 優・良・可 3回目 優・良・可

●視野アップトレーニング

左右移動法／ 上下移動法／ 対角線移動法 〈各1分〉	●目は自然に一定のリズムで動いていますか ●黒点を正確に捉えていますか ●点から点へ、線を追わないでスピーディーに視点移動ができていますか	1回目 優・良・可 2回目 優・良・可 3回目 優・良・可
円移動法 〈1分〉	●一定速度で円の軌道上を移動できていますか ●目を閉じたときもスムーズに移動できていますか ●目を閉じたときもスムーズに円軌道をイメージできますか	1回目 優・良・可 2回目 優・良・可 3回目 優・良・可

📖 目の強化トレーニング

スーパー速読トレーニングの中でも最も重要なトレーニングが、この目の強化トレーニングです。

①記号式トレーニング
②文字・数字式トレーニング

の2種類を行ないます。

この訓練が、速読のいわゆる「視る」ということに大きくかかわっているからです。黙読の読む方法と速読の視る方法の大きく異なる点は、なんと言っても1字ずつ音読みするのか、文字のブロックとして文章を捉えるのかということですが、この文字ブロックとして捉える方法をトレーニングするのが、この記号式、文字・数字式トレーニングなのです。

このトレーニングでは、視野を拡げ、速く見る能力をアップすることで、活字をスピーディーにキャッチできるようにするものですが、トレーニングを続けることで、これまで音読だった習慣を"目読"に変え、文字や対象を見極める目の能力を強化します。

実際のトレーニングは［記号式トレーニング］（＝110～115ページ）、［文字・数字式トレーニング］（＝116～131ページ）で行ないます。

もっとも重要な「目の強化トレーニング」　第3日

　この解説・説明と［記号式、文字・数字式トレーニング］を確認しながら読み進めてください。

　トレーニング結果は「チェック表」(＝87ページ)に必ず記入しましょう。

● **視点移動の速度アップについて**

　ここで重要なポイントは、記号ブロックからブロックに、記号の場合なら［○］を追っていって、目を流していくための速度を上げるのではない、ということです。

　記号式トレーニングの下図で説明すると、［○○○○○］の5個の○記号のブロック全体にできるかぎり速やかに視点を止め、次の［○○○○○］ブロックに視点を移動させ、次に次にというように視点を移動させつづける速度を上げることが大切なのです。

　×は視野ブロックの中心を示します。この1点に視点をおくのではなく、ブロック全体に視点を止めます。速やかに左右に視点移動して目標ページ数をクリアしましょう。

```
(·)(·)(×)(·)(·)        (·)(·)(×)(·)(·)
(·)(·)(×)(·)(·)        (·)(·)(×)(·)(·)
(·)(·)(×)(·)(·)        (·)(·)(×)(·)(·)
```

📖 目の強化トレーニング［記号式、文字・数字式］の目標＝12ページ／1分間

このトレーニングはそのまま次の本読みトレーニングにリンクしています。

今日すぐには無理でも、1週間カリキュラムを進めていくなかで、まずは、トレーニングシート12ページ分の記号及び文字・数字を1分間で見きり、めくりきることができることを目標にしてください。

10ページ以上を見きることができて本読みスピードとしては、2000文字／1分間を超えられます。

このトレーニングは、実際の速読・本読みのシミュレーションといってよいものですし、記号は意味のある文字ではありませんからリラックスして行ない、必ず目標はクリアしてください。

①記号式トレーニング（1行2ブロック／1行1ブロック）

記号式トレーニングは、読書をするときの音読、黙読を完全に"目読"に切り換えるためのトレーニングです。

活字の一字一字の意味を追いながら読んでいた読書法を、一瞬のうちに映像化し、理解するためのトレーニングです。ここでは、心理的、視覚的にまったく負担のない（○）記号を用いています。焦点が定めやすく、見えやすくなっています。この記号式トレーニン

もっとも重要な「目の強化トレーニング」 第3日

グを続けることにより脳がリラックス状態になり目読に変わっていきます。

トレーニング方法　トレーニングシート＝100～115ページ

- ページの中央と鼻筋を一致させます。
- ブロックからブロックへ（左から右に）視点を移動させていきますが、このとき記号のマルをブロック全体としてハッキリ捉えることがポイントです。
- トレーニング中、ブロックからブロックに速やかに視点移動を行ないます。
- 最初は狭い範囲しか視野に入らないものですが、○の記号5個＝1ブロック単位でできるだけ速く見ていきます。初めは○の記号5個が1ブロックとしてきちんと見えているのかと不安になることもありますが、視点移動のスピードが上がってくると自然に納得できて問題解決につながります。このトレーニングは、スピード重視がポイントです。
- 108ページ（9ページ目）からは左右の分割はなくなりますから、横1行を2分割するように視点の移動を速やかに行なってください。
- トレーニングを繰り返していくうちに確実に視野が

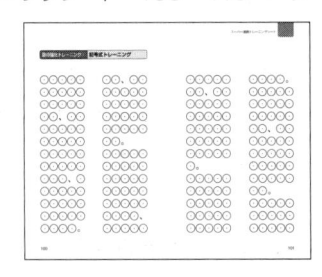

拡がります。個人により多少の上達の差はありますが、ブロックで記号がハッキリと見えてくるようになります。自分自身で「視る」「もっと見える」と、暗示をかけることも上達の秘訣です。

- このトレーニングは1ページのブロックを見終えた瞬間に、ページを速くめくることが必要です。
- トレーニングは1分単位で、できるだけ速く正確に見るようにしましょう。

▶それでは1分間×2〜3回、「記号式トレーニング」を行ないます。
▶訓練しおえたらどれくらい見きることができたか、結果を記録してください（87ページ）。
記録はおおまかなページ数でかまいません。

②文字・数字式トレーニング（1行2ブロック／1行1ブロック）

　文字・数字式トレーニングは、まず多くの活字に目を慣らし、速く見て、知覚できるようになるためのものです。ひらがな、カタカナ、漢字、アラビア数字などを利用して活字の感覚に慣れることが大切です。一目で文字や数字が目に入ってくるまで、根気強くトレーニングしましょう。

　記号式トレーニングをベースに、文字・数字式トレーニングを組み合わせてトレーニングを重ねると、本を読む速度が驚くほどスピードアップします。

もっとも重要な「目の強化トレーニング」　第3日

トレーニング方法　トレーニングシート＝116〜131ページ

- 本のページの中央と鼻筋を一致させて見ます。
- トレーニングは、1分単位で行ないます。
- ここでも記号式トレーニングと同じように、ブロックで文字・数字を捉えられるように心がけます。そして次第に、ブロックの大きさを拡大していきます。
- 124ページ（9ページ目）からは左右の分割はなくなりますから、横1行を2分割するように視点の移動を速やかに行なってください。
- 個人差はありますが、集中してトレーニングすれば誰でもできるようになります。そして次第にブロックが確実に目に入ってくるようになります。そうなればもう大丈夫です。

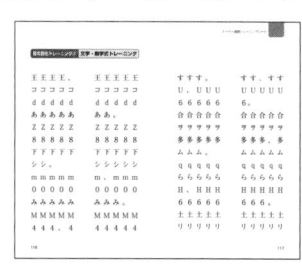

▶ それでは1分間×2〜3回、「文字・数字式トレーニング」をします。
▶ 訓練しおえたら1回ずつうまくできたかどうか、結果を記録してください（87ページ）。

- ページの中央と鼻筋を一致させます。

- ブロックからブロックへ（横方向に）視点を移動させていきますが、一字一字音読したり、記憶しようとしないで、ブロックを映像化して捉え、ただ文字や数字の配列をそのままにすばやく見ていきます。
- トレーニング中、ブロックからブロックに速やかに視点移動を行ないます。
  このトレーニングも、スピード重視がポイントです。
- トレーニングは1分単位で、できるだけ速く正確に見るようにしましょう。
  このトレーニングもページを速くめくることが大切です。

▶ それでは1分間×2〜3回、「文字・数字式トレーニング」をします。
▶ 訓練しおえたらどれくらい見きることができたか、結果を87ページ記録してください。
  記録はおおまかなページ数でかまいません。

★必ず「チェック表」に記入する習慣をつけましょう。

もっとも重要な「目の強化トレーニング」 第3日

目の強化トレーニングのチェック表

〈記号式/文字・数字式〉トレーニングシートを1分間にめくったページ数を記入します。

●記号式トレーニング

	1分間のページ数	備　考
1回目		
2回目		
3回目		

●文字・数字式トレーニング

	1分間のページ数	備　考
1回目		
2回目		
3回目		

スーパー速読 トレーニングシート

基本トレーニング

● 集中力トレーニング　　　　　　　　ページ
　①丹田呼吸法 …………………………91
　②一点集中法 …………………………92
　③集中力移動法 ………………………93

● 視野アップトレーニング
　①集中力左右移動法 ………………94-95
　②集中力上下移動法 ………………96-97
　③集中力対角線移動法 ………………98
　④集中力円移動法 ……………………99

目の強化トレーニング

　①記号式トレーニング ……100-115
　②文字・数字式トレーニング ……116-131

　それぞれのシートは、第1日～第3日の解説を参照して、使い方を確認してください。

【使用時の注意】

　トレーニングするときは、本書をしっかり開いて、ページを開いたままにできるくらいに折りぐせをつけてからお使いください。ページが湾曲していると、うまくトレーニングできないのでご注意ください。

基本トレーニング① 集中力トレーニング

①丹田呼吸法

背すじをまっすぐに伸ばす

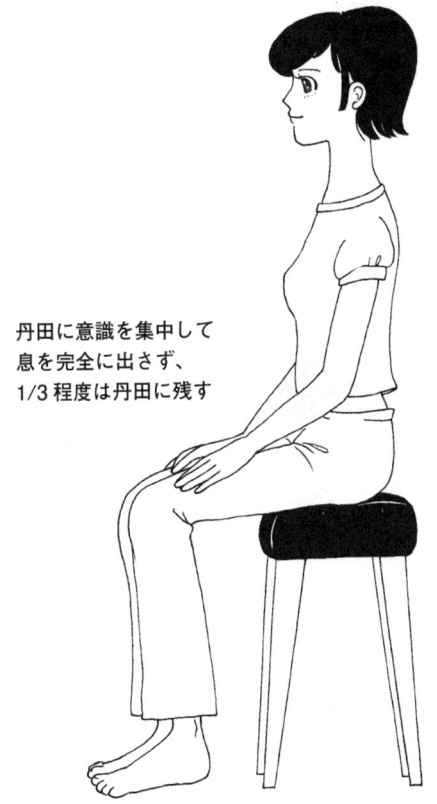

鼻から呼吸。
6秒で吸い、
12秒で吐き出す

丹田に意識を集中して
息を完全に出さず、
1/3程度は丹田に残す

基本トレーニング①　集中力トレーニング

②一点集中法

スーパー速読トレーニングシート

基本トレーニング① 集中力トレーニング

③集中力移動法

※このトレーニングは、本を横にもって行なってください

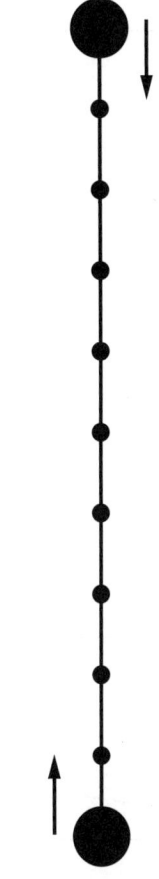

こちらを上にしてもつ →

基本トレーニング② 視野アップトレーニング

①集中力左右移動法

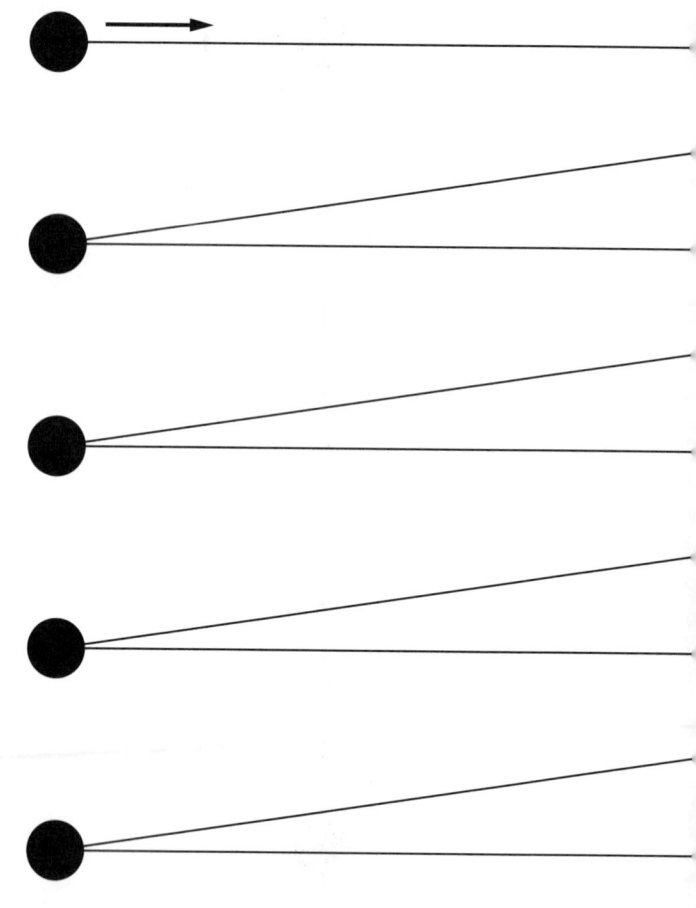

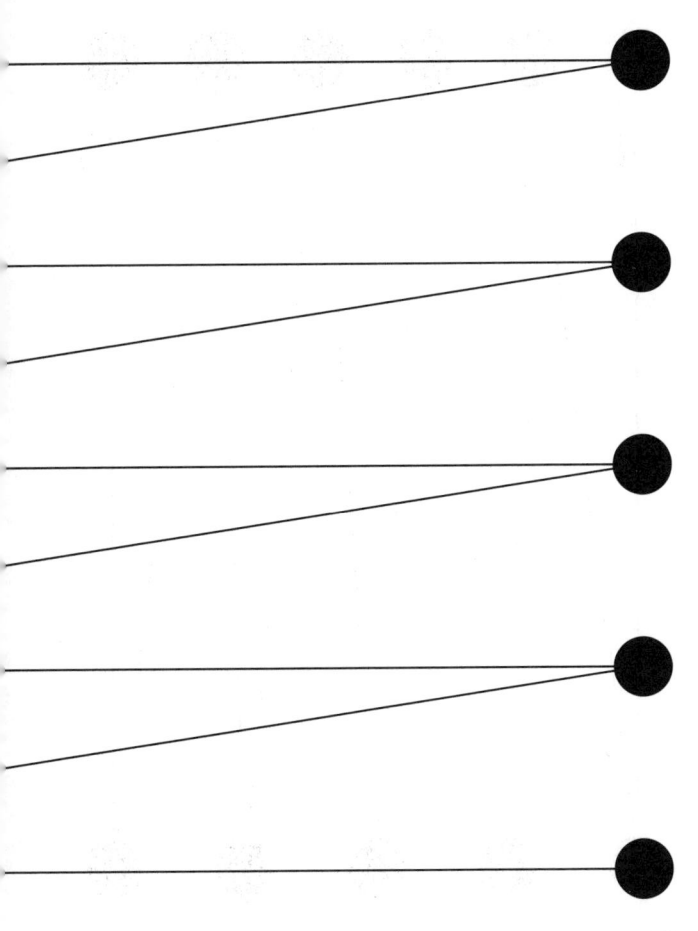

スーパー速読トレーニングシート

基本トレーニング② 視野アップトレーニング

②集中力上下移動法

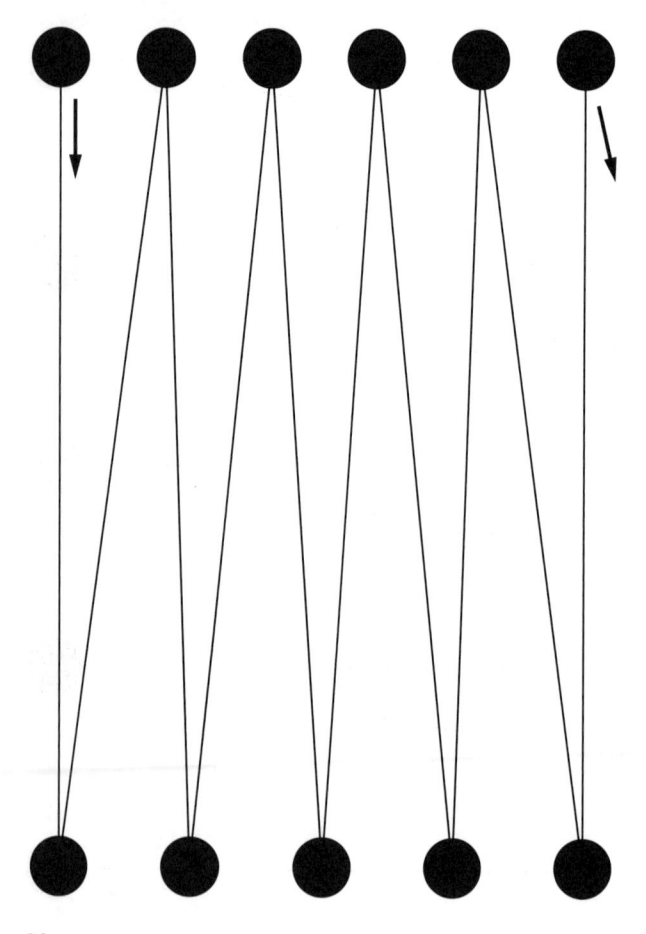

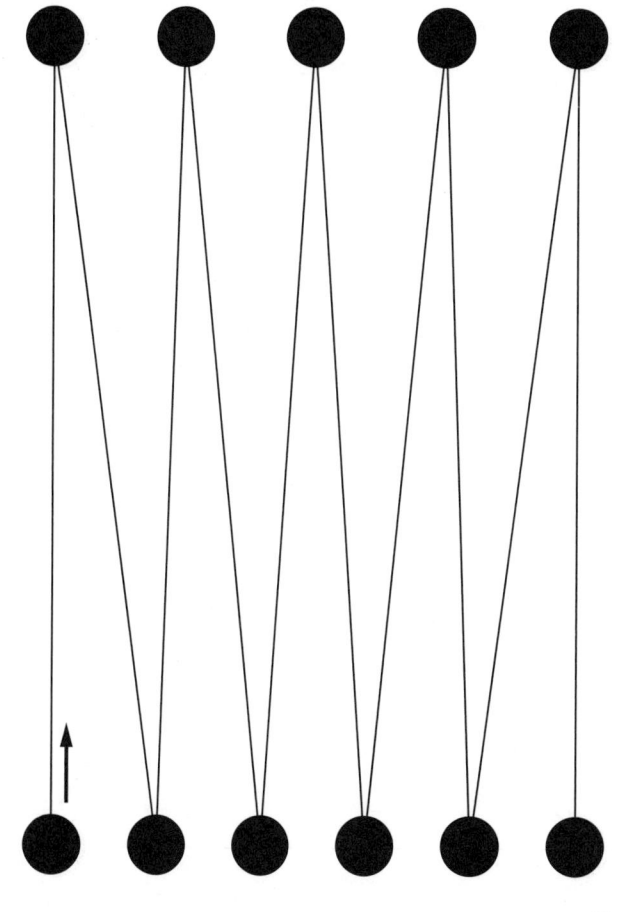

スーパー速読トレーニングシート

基本トレーニング② 視野アップトレーニング

③集中力対角線移動法

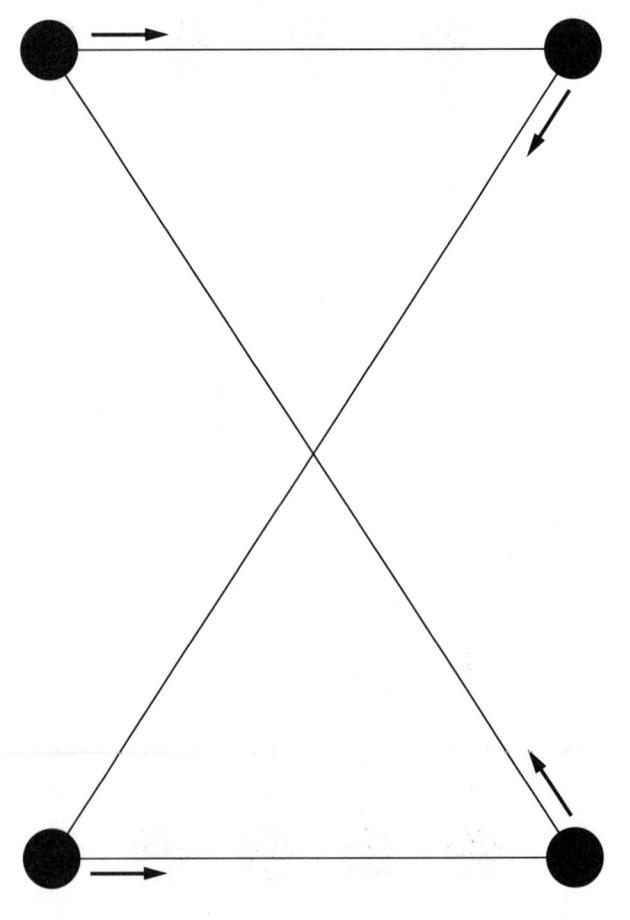

基本トレーニング② 視野アップトレーニング

④集中力円移動法

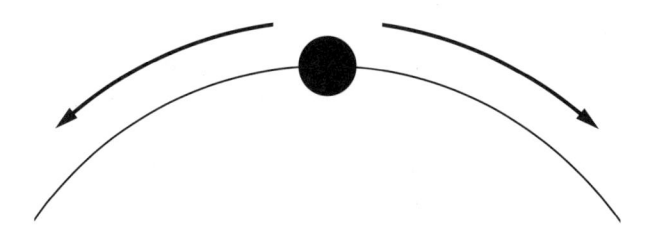

目の強化トレーニング① 記号式トレーニング

⊙⊙⊙⊙⊙　⊙⊙、⊙⊙
⊙⊙⊙⊙⊙　⊙⊙⊙⊙⊙
⊙⊙⊙⊙⊙　⊙⊙⊙⊙⊙
⊙⊙、⊙⊙　⊙⊙⊙⊙⊙
⊙⊙⊙⊙⊙　⊙⊙⊙⊙⊙
⊙⊙⊙⊙⊙　⊙⊙。
⊙⊙⊙⊙⊙　⊙⊙⊙⊙⊙
⊙⊙⊙⊙⊙　⊙⊙⊙⊙⊙
⊙⊙⊙、⊙　⊙⊙⊙⊙⊙
⊙⊙⊙⊙⊙　⊙⊙⊙⊙⊙
⊙⊙⊙⊙⊙　⊙⊙⊙⊙⊙
⊙⊙⊙⊙⊙　⊙⊙⊙⊙、
⊙⊙⊙⊙。　⊙⊙⊙⊙⊙

スーパー速読トレーニングシート

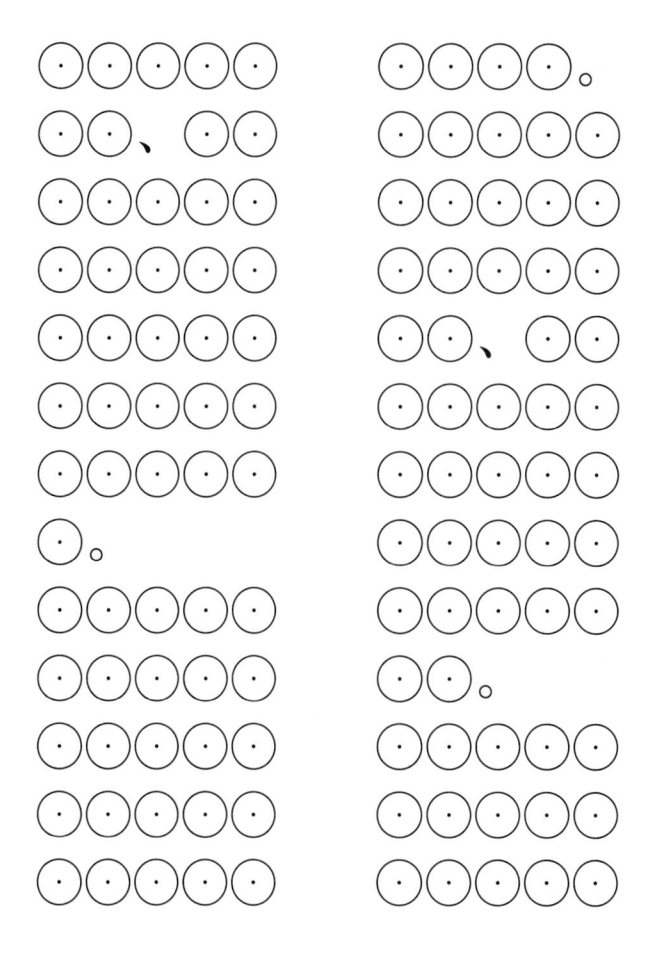

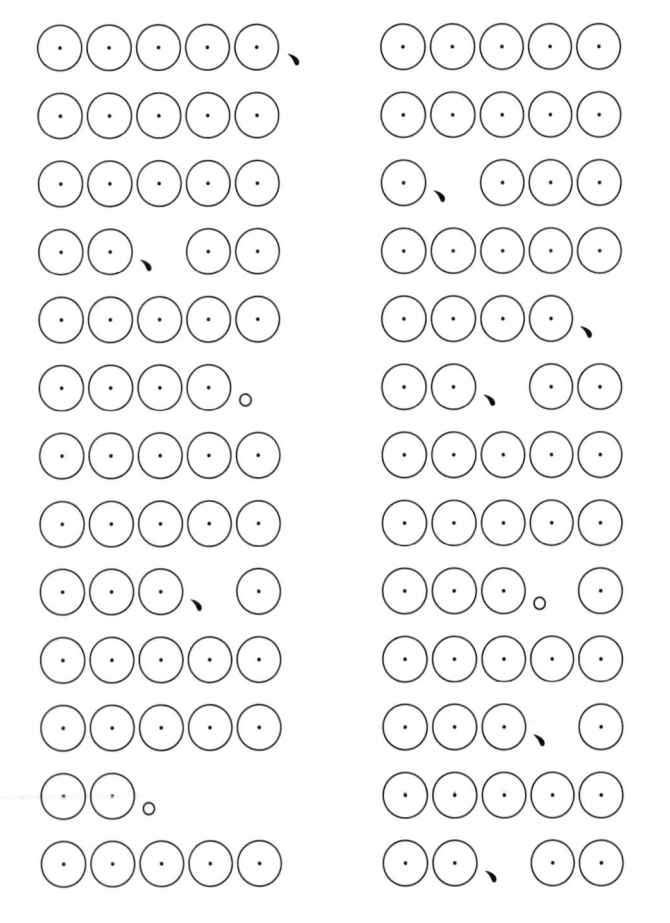

スーパー速読トレーニングシート

⊙⊙⊙⊙⊙　⊙⊙、⊙⊙
⊙⊙⊙⊙⊙　⊙⊙⊙⊙⊙
⊙⊙⊙、⊙　⊙⊙⊙⊙⊙
⊙⊙⊙⊙⊙　⊙⊙⊙、⊙
⊙、⊙⊙⊙　⊙⊙⊙⊙⊙
⊙⊙⊙⊙⊙　⊙。
⊙⊙⊙⊙⊙　⊙⊙⊙⊙⊙
⊙⊙⊙⊙、　⊙、⊙⊙⊙
⊙⊙⊙⊙、　⊙⊙⊙⊙⊙
⊙⊙⊙⊙⊙　⊙⊙⊙、⊙
⊙⊙⊙⊙⊙　⊙⊙⊙⊙⊙
⊙⊙。⊙⊙　⊙⊙。⊙⊙
⊙⊙⊙⊙⊙　⊙⊙⊙⊙⊙

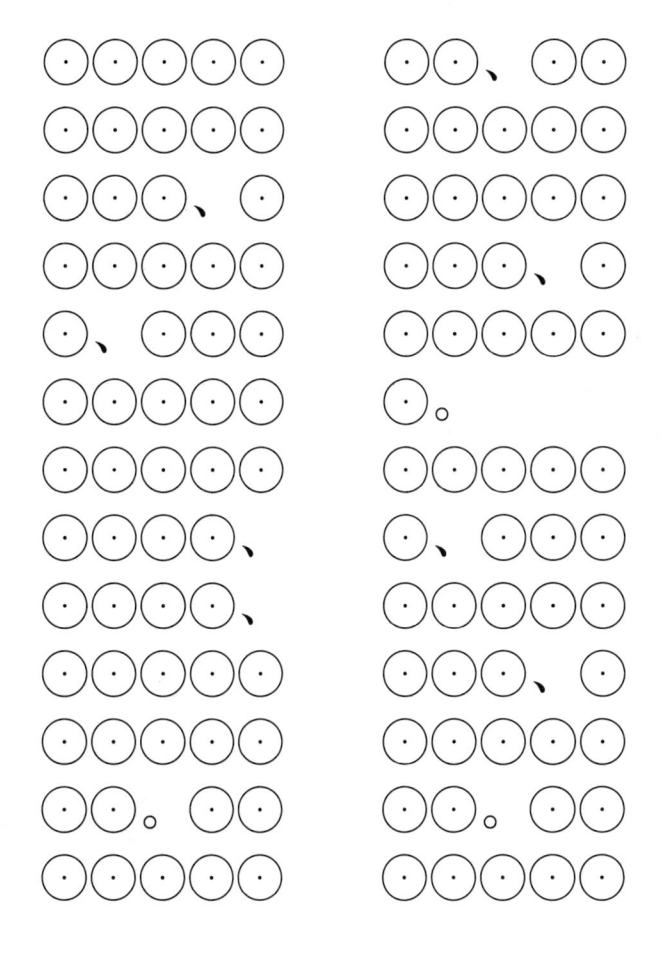

⊙、⊙⊙⊙　　⊙。
⊙⊙⊙⊙⊙　　⊙⊙⊙⊙⊙
⊙⊙⊙⊙⊙　　⊙⊙⊙、⊙
⊙、⊙⊙⊙　　⊙⊙⊙⊙⊙
⊙⊙⊙⊙⊙　　⊙⊙、⊙⊙
⊙⊙⊙⊙、　　⊙⊙。⊙⊙
⊙⊙⊙⊙⊙　　⊙⊙⊙、⊙
⊙⊙。　　　　⊙⊙⊙、⊙
⊙⊙⊙、⊙　　⊙⊙⊙。
⊙⊙⊙⊙⊙　　⊙⊙⊙⊙⊙
⊙⊙⊙。⊙　　⊙⊙、⊙⊙
⊙⊙。、⊙　　⊙⊙⊙⊙⊙
⊙⊙⊙⊙⊙　　⊙⊙⊙⊙⊙

スーパー速読トレーニングシート

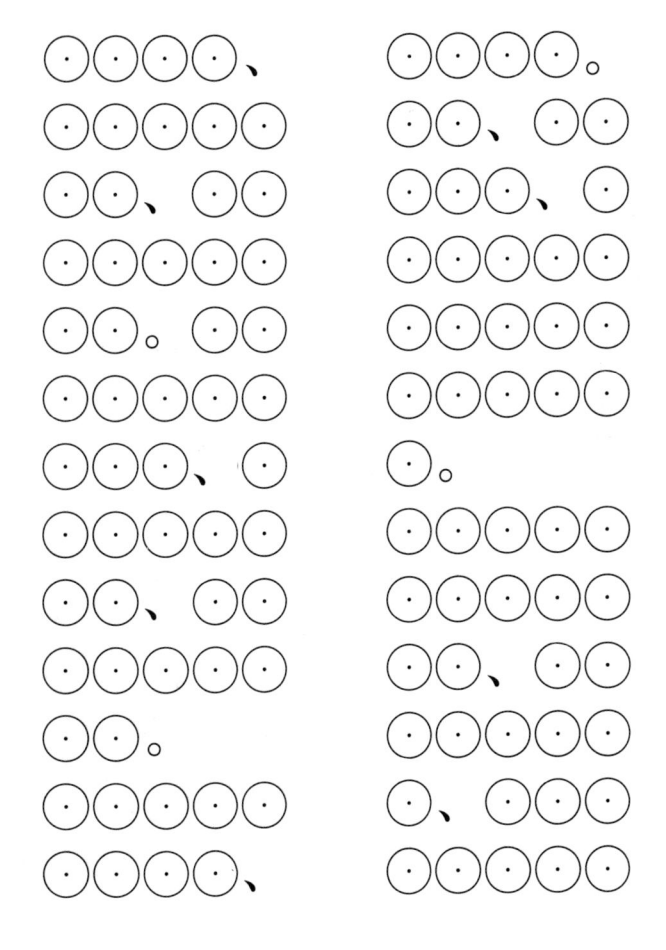

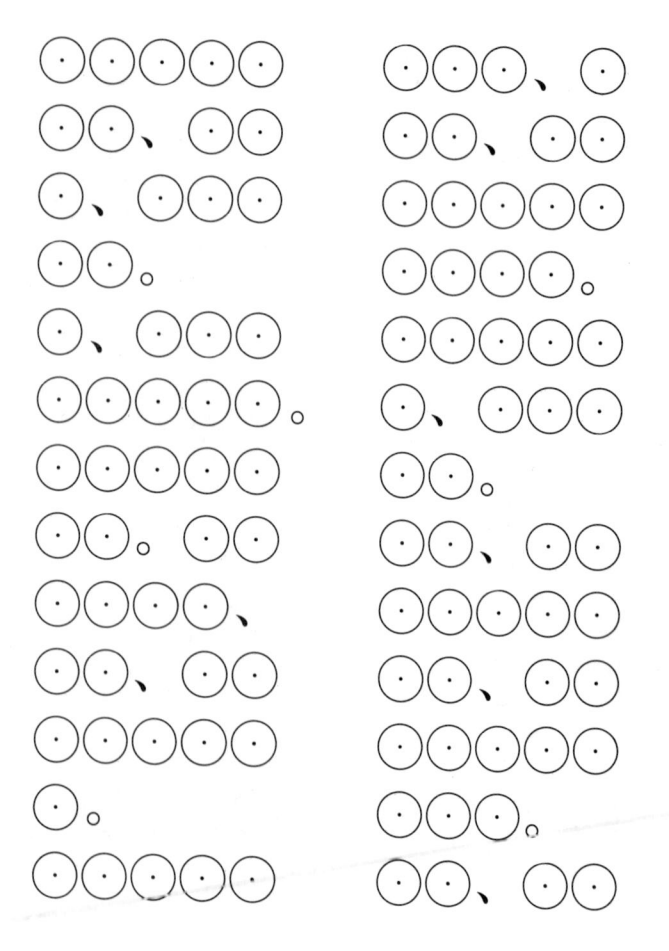

⊙⊙⊙⊙⊙
⊙⊙、⊙⊙
⊙、⊙⊙⊙
⊙⊙。
⊙、⊙⊙⊙
⊙⊙⊙⊙⊙。
⊙⊙⊙⊙⊙
⊙⊙。⊙⊙
⊙⊙⊙⊙、
⊙⊙、⊙⊙
⊙⊙⊙⊙⊙
⊙。
⊙⊙⊙⊙⊙

⊙⊙⊙、⊙
⊙⊙、⊙⊙
⊙⊙⊙⊙⊙
⊙⊙⊙⊙。
⊙⊙⊙⊙⊙
⊙、⊙⊙⊙
⊙⊙。
⊙⊙、⊙⊙
⊙⊙⊙⊙⊙
⊙⊙、⊙⊙
⊙⊙⊙⊙⊙
⊙⊙⊙。
⊙⊙、⊙⊙

スーパー速読トレーニングシート

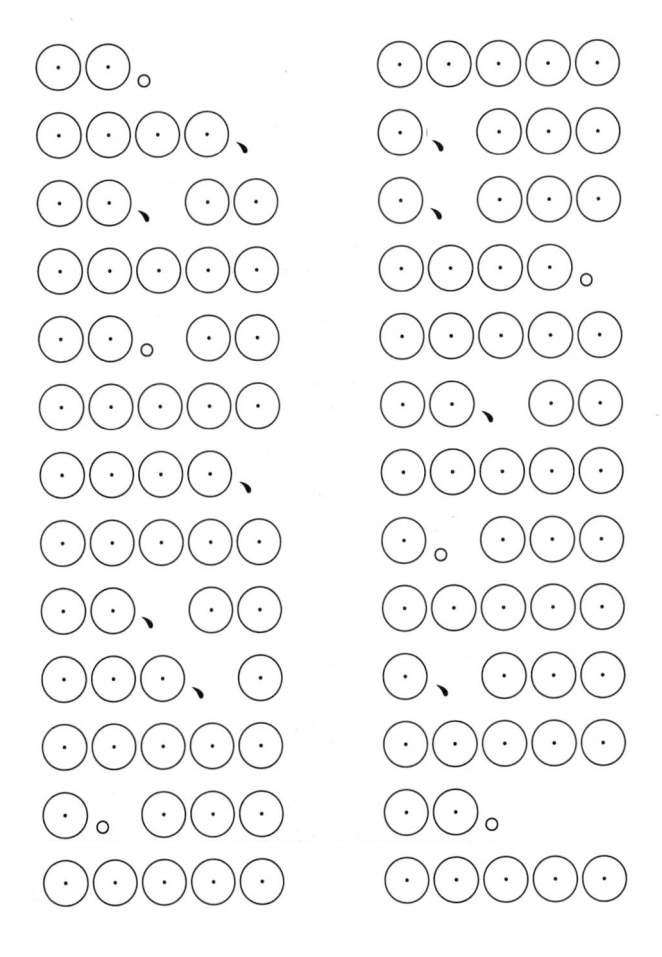

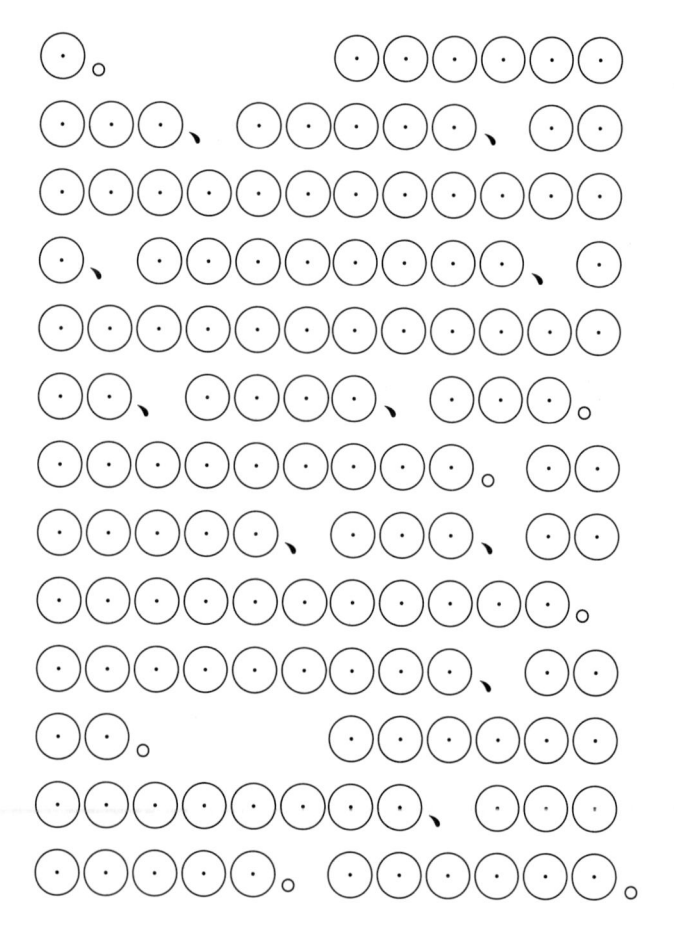

○○。　　　○○○○○○
○○○、○○○○○、○○
○○○○○○○○○○○○
○、○○○○○○○○、○
○○○○○○○○○○○○
○○、○○○○、○○○○。
○○○○○○○○○。○○
○○○○○、○○○、○○
○○○○○○○○○○。
○○○○○○○○、○○
○○。　　　○○○○○○
○○○○○○○、○○○
○○○○○。○○○○○○。

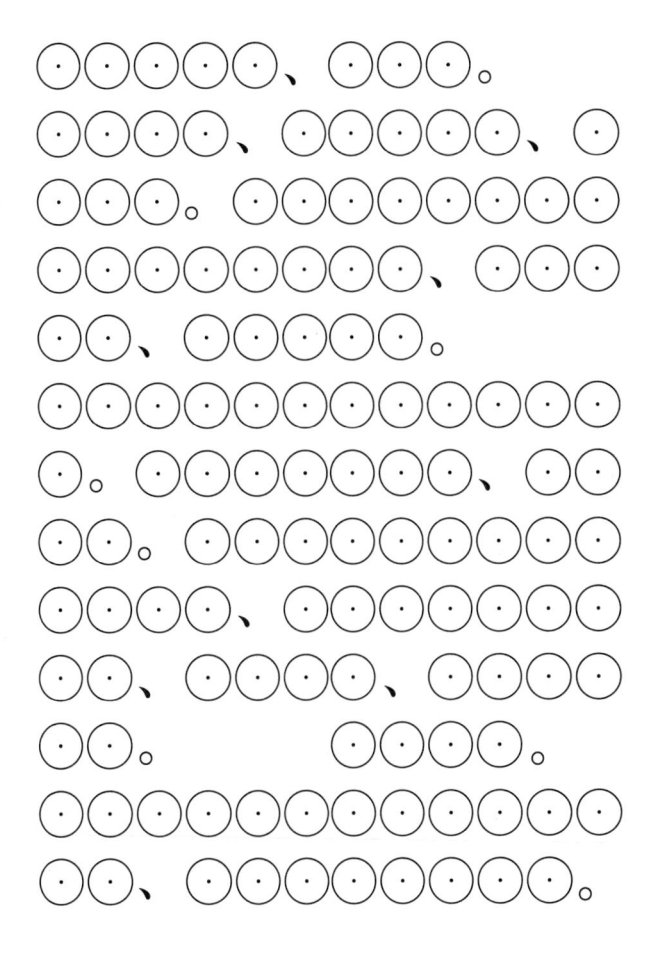

○○○○○、○○○。
○○○○、○○○○○、○
○○○。○○○○○○○○
○○○○○○○○、○○○
○○、○○○○○。
○○○○○○○○○○○○
○。○○○○○○○、○○
○○。○○○○○○○○
○○○○、○○○○○○
○○、○○○○、○○○○
○○。　　　○○○○。
○○○○○○○○○○○○
○○、○○○○○○○○。

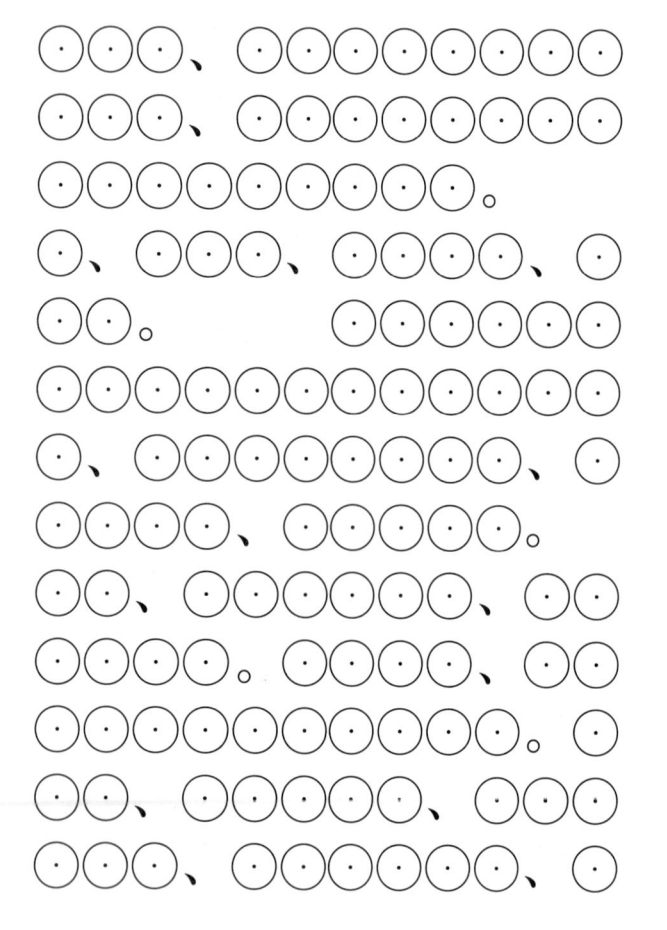

○○○、○○○○○○○○
○○○、○○○○○○○○
○○○○○○○○○。
○、○○○、○○○○、○
○○。　　○○○○○○○
○○○○○○○○○○○○
○、○○○○○○○○、○
○○○○、○○○○○○。
○○○、○○○○○○、○○○
○○○○。○○○○○、○○○
○○○○○○○○○○。○
○○○、○○○○○○、○○○○
○○○○、○○○○○○○、○

スーパー速読トレーニングシート

○、○○○○○○・、○○・
○・○○、○○○○○○○
○○○。○○○○○○・、○
○○○○○○○○、○○○
○○。○○○○○○○○○
○・○○○○○○○、○○○
○、○○○○○○○○○○
・○○・。　　○・○・。
○○○○○○○○○○○・、
・○○、○○○○○○○○
○○○○○○、○○○○
○○○・。　　○・○○、○
○○○○○○○○○○・、

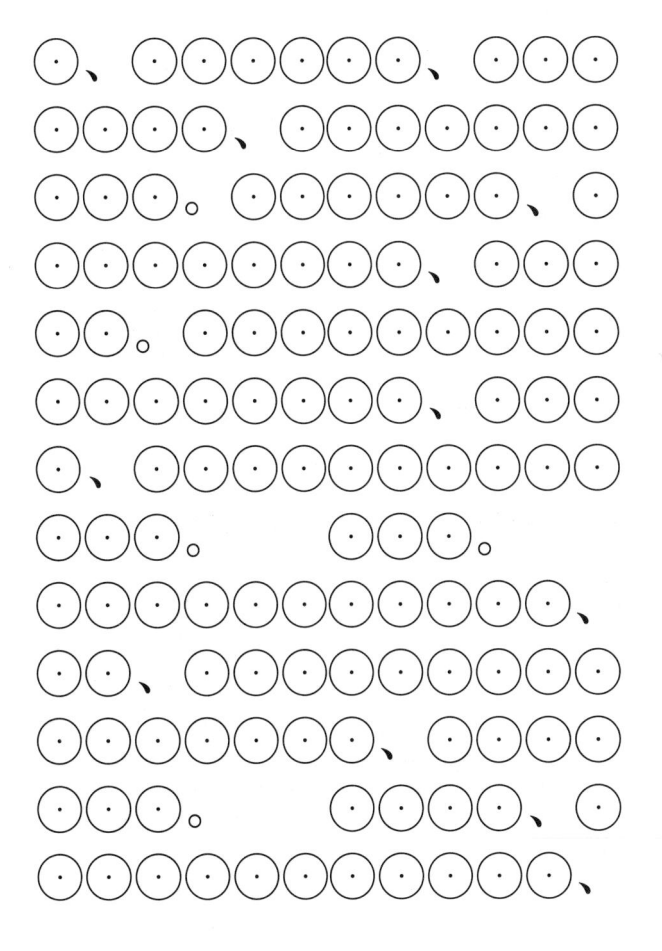

〇、〇〇〇〇〇〇〇。
〇〇〇。　　〇〇〇、〇〇
〇〇〇〇〇〇〇〇〇〇〇〇
〇、〇〇〇〇〇〇、〇〇〇
〇〇、〇〇〇〇〇〇〇〇。
〇〇〇。　　〇〇、〇〇〇
〇、〇〇〇〇〇〇〇〇、〇
〇〇〇〇〇〇〇〇〇〇〇〇
〇〇〇〇〇〇〇〇〇〇〇。
〇〇〇〇〇、〇〇〇、〇〇
〇〇〇〇〇〇〇〇〇〇〇〇
〇〇、〇〇〇〇〇〇〇、〇
〇〇〇〇、〇〇〇〇〇、〇

スーパー速読トレーニングシート

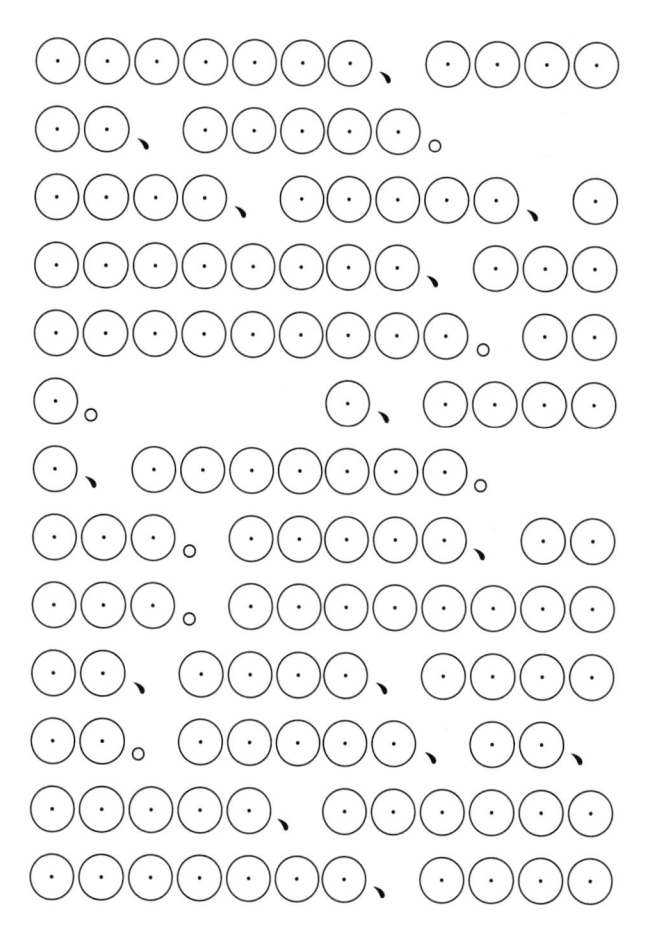

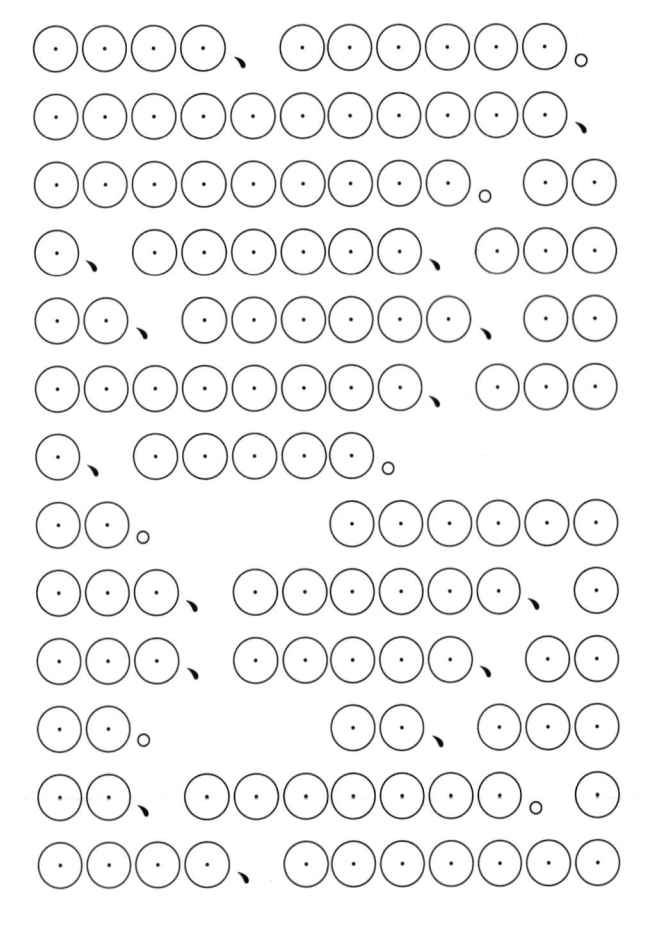

スーパー速読トレーニングシート

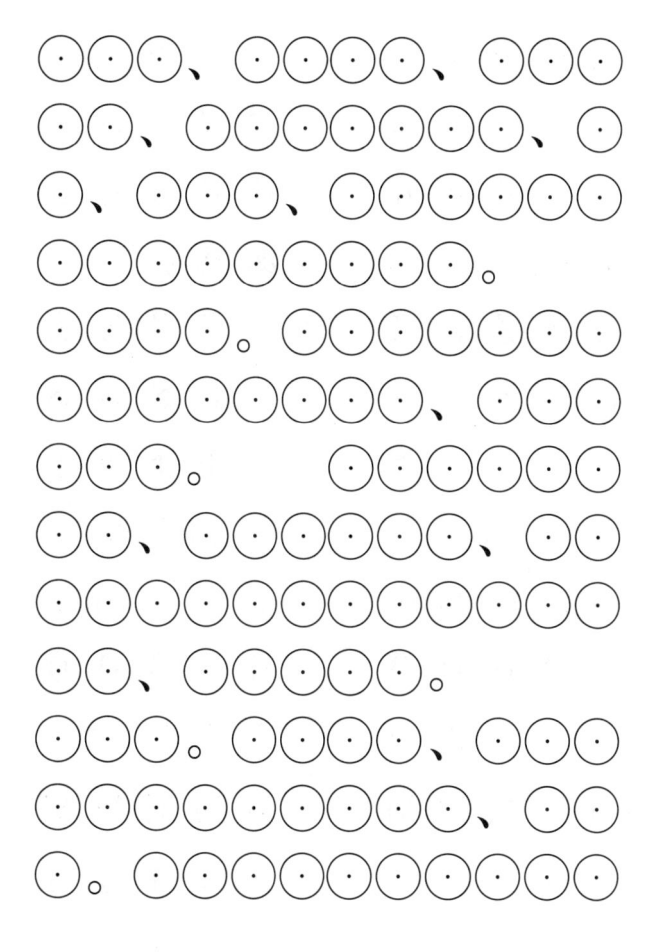

目の強化トレーニング② 文字・数字式トレーニング

王 王 王 王、	王 王 王 王 王
コ コ コ コ	コ コ コ コ コ
d d d d	d d d d d
あ あ あ あ あ	あ あ。
Z Z Z Z	Z Z Z Z Z
8 8 8 8	8 8 8 8 8
下 下 下 下 下	下 下 下 下 下
シ シ。	シ シ シ シ シ
m m m m	m、m m m
0 0 0 0	0 0 0 0 0
み み み み み	み み み。
M M M M	M M M M M
4 4 4、4	4 4 4 4 4

すす、すす
U U U U U
6。
合合合合合
ヲヲヲヲヲ
多多多、多
ムムムムム
q q q q q
ららららら
H H H H H
6 6 6。
土土土土土
リリリリリ

すすす。
U、U U U
6 6 6 6 6
合合合合合
ヲヲヲヲヲ
多多多多多
ムムム。
q q q q q
ららららら
H、H H H
6 6 6 6 6
土土土土土
リリリリリ

a a、a a 　　a a a a a
に に に に に　　に に、に
Q Q、Q Q 　　Q Q Q Q Q
2 2 2 2 2　　2 2、2 2
四 四 四 四 四、　四 四 四 四 四
ハ ハ ハ ハ ハ　　ハ ハ ハ。ハ
v。　　　　　　v v、v v
や や や や や　　や や や や や
V V V V　　　V V V V。
0 0 0、0　　　0 0 0 0 0
米 米 米 米 米　　米 米 米、米
口、口 口 口　　　口 口 口 口 口
e e e e　　　　e e。

スーパー速読トレーニングシート

まままままC、CCC2。麦麦麦麦麦ナナ、ナナrrrrrそそそそそJJ、JJ44444野野野野野チチチ。チoooo、つつつつ、

まままままCC。CC22222、麦麦麦麦麦ナ。rrr、rそそそそそJJJJJ44、44野野野。チチチチチo。oooつつつつつ

a。a a a
そそそそ
J。
4 4 4 4 4
野野、野野
チ、チチチ
o o、o o
つつつつつ
I I I I I
7 7 7 7。
火火火火火
ツツ、ツツ
r r r。

a a a a a
そそそそそ
J J J。J
4 4 4 4 4
野野野野、
チチチチチ
o o、o o
つつつつつ
I I。
7 7、7 7
火、火火火
ツツツツツ
r r r r r

みみみみみ	みみ。
ＶＶＶＶ、	ＶＶＶＶＶ
１１１１１	１１１１１
理理理理、	理、理理理
セセセセセ	セセセセセ
ｔ。	ｔ、ｔｔｔ
きききき	きききき
ＡＡ、ＡＡ	ＡＡＡ。
５５５５５	５５５５５
反、反反反	反反反反反
ｘｘｘｘ。	ｘ、ｘｘｘ
るるるる	るる、るる
Ｙ、ＹＹＹ	Ｙ、ＹＹＹ

3 3 3 3 3
家、家家家
タタタタタ
ww、ww
くく。
TTTTT
99、99
図、図図図
メメメメメ
c。
おおおお
GGG、G
11111

3。
家家家家家
タタタタタ
ww、ww
くくくくく
T、TTT
99999
図図、図図
メメメメ
c、ccc
おお。
GGGGG
11。11

池池、池池	池池池池池
ユユユユユ	ユユ。
ｋ ｋ ｋ ｋ ｋ 。	ｋ ｋ ｋ ｋ ｋ
てててて	てて、てて
Ｅ Ｅ 、 Ｅ Ｅ	Ｅ Ｅ Ｅ Ｅ Ｅ
＆ ＆ ＆ ＆ ＆	＆ ＆ 。 ＆ ＆
南。	南南南南、
フフフフフ	フフフフフ
ｐ ｐ ｐ ｐ 、	ｐ ｐ ｐ ｐ ｐ
めめめめ、	めめめ、め
Ｌ Ｌ Ｌ Ｌ Ｌ	Ｌ Ｌ Ｌ Ｌ Ｌ
４ 。 ４ ４ ４	４ ４ 。 ４ ４
須須須須、	須須須須須

レレレ、レレレレ、レレレ
ｂｂｂｂｂｂｂｂｂ、ｂｂ
かかかかかかかかか、か
８８。　　　　８８８８８。
通通、通通通通通通通通
ホホ、ホホホホホホ、ホ
＝＝＝＝＝＝＝＝＝＝。
せせ。せせせせせせせせ
ＦＦＦＦＦＦＦＦ、ＦＦ
間間間間間間間間間間
ヌ。　　　　ヌヌヌ、ヌヌ
もももももも、もももももも
ＲＲＲＲＲＲＲＲＲＲ

R。　　　　RR、RRR
2 2 2 2 2 2 2 2 2 2。
絵絵絵絵絵絵絵絵絵、絵絵
わ、わわわわわわ、わわわ
S S S S S S S S S S S
6、6 6 6 6 6 6。
左左左。左左左左、左左左
ククククククククク、ク
h、h h h h h h h h h
け。　　　　けけけけけ、
Y Y Y Y Y、Y Y Y、Y Y
0 0 0 0 0 0 0 0 0 0 0 0
夜夜、夜夜夜夜。

ネネ。　　　ネネネネネネ
＊＊＊＊＊＊＊、＊＊＊＊
ととととと、と、ととトと
L L L L L　L L L L L、
7 7、7 7 7　7 7 7 7 7
味味味味味味　味。
サササササササササササササ
w w w。　　w w w w。
ちちちちちち　ちちちちちち
B B、B B B　B B B B、B
4 4 4 4 4 4　4 4 4 4 4
牛牛牛牛、牛牛牛、牛牛牛
キキ。　　　キキキキキキ

n、n n n n n n n n。
へへへへへへ へへへへへ
D。　　　D D D、D D
5 5 5 5 5 5 5 5 5 5 5
紙紙紙紙紙紙紙紙、　紙紙
ツツツツ、　ツツ。
t t t t t t t t t t t
は、ははは ははははは
Z Z、Z Z Z Z Z Z、Z
1 1 1 1。　1 1 1 1 1 1
目、目目目目 目。目目目目
モモモモモ、モモモモ
a a a、a a a a a a a、

てててててて ててててて、
ＫＫ、ＫＫＫＫＫＫ、Ｋ
３３３３３３３。
字字字字、字字字、字字字
ヒヒヒヒヒヒ ヒヒヒヒヒ
ｙｙｙｙｙｙｙ ｙｙｙ、ｙｙ
く、くくくく くくくくく
ＧＧ。　　　Ｇ、ＧＧＧＧ
４４４４４４ ４４４。
利利、利利利利利利利利利
トトトトトトト。トトトト
ｑ、ｑｑｑｑｑ ｑｑｑｑｑ
ののののの。ののの。のの

スーパー速読トレーニングシート

AA、AAAA。AAAA
88888、888888
打打打打打打打、打打打
キキキキ。キキキキキキ
z z z z z z 。
す、すすすすすすすす、す
NNNNNN、NNN
22、222、2222
国国国国国。国国国国国国
イイイイイイイ。
w、wwwwwwww
らら。らららららら、
JJJJJJJJ、JJ

実実実。　　実。
テテテテテテ　テテテテ、テ
uuuuu、uuuuuu
まままままま、まま
PPPP、PPPP、P
55555555。555
円円円円円、円円円円円
ソソソソソソソ。
11。　　　111111
ぬぬぬぬ、ぬぬ、ぬぬぬぬ
EEEEEEEEE、EE
77、777777777
歩歩歩歩歩歩歩歩。

レ レ、 レ レ レ レ レ レ レ、
m m m m m m m、 m m m
か。 か か か か か か か か、
X X X、 X X X X X X。
6 6 6 6 6 6 6 6 6、 6
布 布、 布 布 布 布 布 布、 布 布
コ コ コ コ コ コ コ コ。 コ コ コ
s s。　　　　s s s s s s
え え え え え、 え え え え え え
L L L、 L L L L。
0 0 0 0。 0 0 0 0 0 0、
品 品 品 品 品 品 品 品 品。 品 品
ム ム、 ム ム ム ム、

第4日

あなたの脳の力を引き出す

— 脳の強化トレーニング　本読みトレーニング —

所要時間：60分

📖 反復トレーニング

　第4日も、これまでと同じように、集中力トレーニング・視野アップトレーニング・目の強化トレーニングを反復することから開始します。4日目ですから、かなり慣れてきたのではないでしょうか。各2、3回ずつ連続して行なってください。

　その後、いよいよ横書き文章の「本読みトレーニング」に入ります。

　反復トレーニングの結果は「チェック表」(＝135、136ページ) へ記入してください。

あなたの脳の力を引き出す 第**4**日

基本トレーニングのチェック表

●集中力トレーニング

丹田呼吸法〈2分〉	●背筋を伸ばした正しい姿勢をしていますか	1回目 優・良・可
	●呼吸は6秒／12秒でスムーズにできましたか	2回目 優・良・可
	●集中して行なうことができましたか	3回目 優・良・可
一点集中法〈1分〉	●瞬きをせずに行なうことができましたか	1回目 優・良・可
	●焦点が定まっていますか	2回目 優・良・可
	●丹田呼吸はスムーズにできていますか	3回目 優・良・可
集中力移動法〈2分〉	●丹田呼吸はスムーズにできていますか	1回目 優・良・可
	●スムーズに視点移動ができましたか	2回目 優・良・可
	●2分間で往復運動ができましたか	3回目 優・良・可

●視野アップトレーニング

左右移動法／上下移動法／対角線移動法〈各1分〉	●目は自然に一定のリズムで動いていますか	1回目 優・良・可
	●黒点を正確に捉えていますか	2回目 優・良・可
	●点から点へ、線を追わないでスピーディーに視点移動ができていますか	3回目 優・良・可
円移動法〈1分〉	●一定速度で円の軌道上を移動できていますか	1回目 優・良・可
	●目を閉じたときもスムーズに移動できていますか	2回目 優・良・可
	●目を閉じたときもスムーズに円軌道をイメージできますか	3回目 優・良・可

目の強化トレーニングのチェック表

〈記号式／文字・数字式〉トレーニングシートを1分間にめくったページ数を記入します。

●記号式トレーニング

	1分間のページ数	備考
1回目		
2回目		
3回目		

●文字・数字式トレーニング

	1分間のページ数	備考
1回目		
2回目		
3回目		

●視野アップトレーニング・目の強化トレーニング　数値目標
（1分間の回数・ページ数）

	視野アップ（左右）	視野アップ（上下）	記号式／文字・数字式
トレーニング開始当初	15回くらい	7〜8回	6〜8ページ
1週間カリキュラム修了時	20回以上	10回以上	10〜12ページ
トレーニング継続1月後	30回以上	15回以上	16ページ以上

※視野アップトレーニング・左右移動法は、右上の黒点から左下の黒点までで1回
※上下移動法の場合は、右上の黒点から2ページ目の最後までで1回
※目の強化トレーニング　記号式／文字・数字式トレーニングは各々の目標

▶これらの数値目標は、あくまでも目安です。もし及ばないとしても、焦ったり悲観したりすることはありません。実際の速読・本読みの際には、捉える文字ブロックの大きさ（文字数）という要素もあります。視点移動のスピードがあまり速くはないとしても、本読み速度としては十分に伸ばしていくことも可能です。

あなたの脳の力を引き出す 第**4**日

脳の強化トレーニング① ——本読みトレーニング

　人間が高度な文明を築けたのは、頭脳の力によるものです。人間の脳は、さまざまな角度から研究されてきました。しかし、その研究の成果を見るまでもなく、脳の秘めている力は実に偉大なものです。その偉大な「脳」の力を引き出し、頭脳の働きをより活性化させ、潜在能力を発揮させやすくするのが、このトレーニングの目的です。

　これによって、イメージ力、記憶力、想起力、判断力、思考力等を強化させ、速読能力をよりレベルアップさせます。

　スーパー速読の「本読みトレーニング」は、この訓練第4日から開始します。その前に、スーパー速読のポイントをもう一度確認しておきましょう。

●**スーパー速読の3ポイント**
①**文章ブロックにいかに速く視点を止めるか**
②**視野＝視幅の中の文字ブロックの文字数をいかに増やすか**
③**ブロックから次のブロックへといかに無駄なく速く移動するか**

　この3点がスーパー速読トレーニングの本質です。
　ここまでトレーニングしてきたさまざまな基本トレーニングは、すべて①から③を解決するためのもの

です。

①の「視点を速く止める」は、短時間で焦点を合わせて理解するための基礎です。目を止めるまでの目標時間は、0.3秒です。

②の一度に捉える文字ブロックの文字数を増やすことが、読書速度を飛躍的に伸ばすためのトレーニングです。

③はブロックをさらに大きくすることができれば、ブロックは重なることになり、視点の移動の距離が小さくなりますから速度アップと同時に理解の質を向上させられます。

次の図に視野＝視幅の拡大＝文章ブロックの文字数増加の過程を示します。

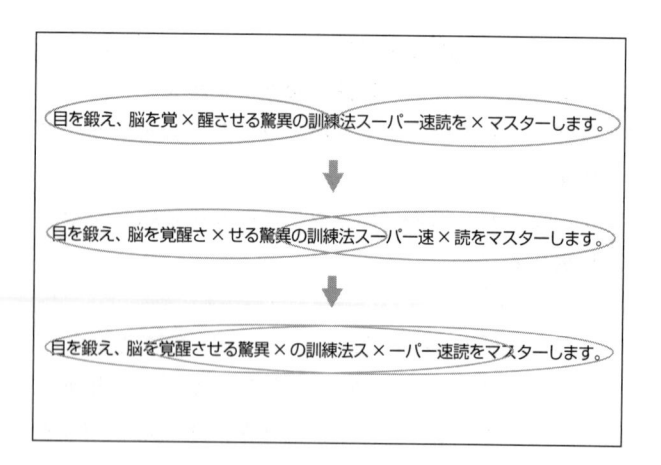

目を鍛え、脳を覚×醒させる驚異の訓練法スーパー速読を×マスターします。
↓
目を鍛え、脳を覚醒さ×せる驚異の訓練法スーパー速×読をマスターします。
↓
目を鍛え、脳を覚醒させる驚異×の訓練法ス×ーパー速読をマスターします。

速読は「いかに目を止めるか、という技術である」ということを再確認してください。目は流してはいけないのだという重要ポイントを理解してから、実際の本読みトレーニングを始めます。

また、「本読みトレーニング」は、「記号式トレーニング」、「文字・数字式トレーニング」からの一連の流れとして直結しています。ですから、この2つのトレーニングについて、数値目標を完全にクリアーしてからということではありませんが、まったくできない状態で本読みトレーニングに進むことはおすすめできません。

視点は、記号式、文字・数字式トレーニングと同じようにスムーズに、文章ブロックを左右に移動させます。

記号式、文字・数字式トレーニングでは横1行を2ブロックに分割してありますが、これは一般的な横書きの新書で1行25〜30文字くらいのものを想定してあります。

本読み訓練1日目の文章は、1行25文字の見やすいものを用意してありますから1行を左半分・右半分に2分割するくらいの文字ブロックでスムーズに視点を移動させます。

記号式、文字・数字式トレーニングでは対象が単なる記号や意味のない文字列ですから、この視点移動は

初めから問題なくできた方も多いと思いますが、対象が意味のある文章になるとどうしても黙読になりがちです。そのままでは「速読の見方・読み方」に変えていくことができませんから、ここではできるかぎり文字・文章のブロック単位に、速やかな視点の移動をしていくということがポイントです。

●本読みトレーニングの最重要ポイント

　第4日の速読・本読みトレーニングでは、「速読の見方・読み方」で速度を上げて読みきることが最重要ポイントです。内容が何も理解できなくてもよいとはいいませんが、同じリズムで1行を2分割して見きってください。そうしないとスピードを上げられないのです。

　つまり、理解できている読書速度を上げるということは、黙読の速度を上げるということになりますから、当然その速度は、1000文字/1分間程度で限界となり、それ以上はありません。

　まず、速度を上げることに優先順位をおき、達成できてから理解の向上を求めます。

　文章ブロックの中の、漢字・カタカナ語・ローマ字語などに集中し、助詞（てにをは）や句読点などはあまり気にしないようにしましょう。

　また、1行2分割の見方については、文章に実際に線を引いて分割したりするのはよくありません。目安

あなたの脳の力を引き出す 第4日

としてブロックを想定できればよいのです。

　訓練第4日＝本読みトレーニング1日目の文章（143〜145ページ）は、1200文字強のものを用意しています。目安としての目標は本読み時間＝1分程度です。

　かなり楽な目標といってよいでしょうから、リラックスして行なってください。ただし、どうしても1分を切ることができない場合には反復して訓練して、1分間に1200文字の速読の見方による視点移動はこれくらいのスピードなのだという実感が持てるようにします。

　このトレーニングは、必ずストップウォッチなどで経過時間を計り、読みおえたらチェック用紙に記録します。読後には、想い出せる単語・熟語などをできるかぎり書き出すなど、本読みの結果をスピードチェック記入シートに記入してください。

トレーニング方法

- これまでのトレーニングと同じく背筋を伸ばしてよい姿勢をとります。本が顔の正面にくるようにしてください。本と顔（目）との距離は30〜40センチくらいがよいでしょう。
- 呼吸は通常の呼吸でかまいませんが、なるべくおなかで息を整えるようにしたほうがよいでしょう。
- 読書方法＝視点移動方法は、1行を左右1/2に分割

した文章ブロックの中心に視点を合わせ、できるかぎり視野を広く（文字数を多く）捉えようとして、文章ブロックを次々に、速やかに視点を移動させます。

- 活字を「音で読む」のではなく、「読み取る＝見る」感覚で視点を移動することが訓練のポイントです。
- 1200文字の文章に対しての速読目標タイムは、1分程度です。クリアーできなかった場合には、反復して必ず達成してください。ストップウォッチで、経過時間を計って読書スピードを把握します。
- 読後、読み取った文章の内容を想い起こし、できるかぎり単語・熟語などをチェック表に書き出します（単語書き出しは、最長で3〜4分程度）。

※精神の集中がこのトレーニングのポイントです。呼吸を整えて「目の強化トレーニング」の要領で憶えようとするのではなく、ブロックでどんどん見ていきます（速読中に憶えようとするほど、読後に単語は書き出せないものです）。初めは5〜6単語程度でも、トレーニングを重ねるうち、20〜30単語と書き出せるようになります。あせらずに着実にトレーニングを進めてください。

▶それでは1分間を目標に「1200文字本読みトレーニング」をします。

▶訓練しおえたら146ページのスピードチェック記入シートに、結果を記録してください。

1200字本読みトレーニング

●恐竜の絶滅と巨大隕石

　恐竜という現在では存在していない生命が過去、地球上で大繁栄していました。ところが、1億年以上も繁栄を続けた恐竜が、およそ6500万年前に突如絶滅してしまったと考えられています。

　もう少し正確にいえば、恐竜だけでなく、他の動物や植物も含めて、大半の生命がこの時期に死んでいます。なぜこのような大量絶滅が起きたのでしょうか。

　6500万年前に地球上でいったいなにが起きたのか。それは、その時代のものと思われる土砂の中に残されていた物質を詳しく調べることからわかってきました。たとえば、地球表面では本来希なはずのイリジウムという物質が、この年代の土砂にはなぜか多いのです。一方で、このイリジウムは隕石中ではしばしば見られることが知られています。つまり、恐竜の絶滅の時期に宇宙からなにかが地球へ降ってきたことが示唆されるのです。

　実際に、アメリカの南方、メキシコの東側にあるユカタン半島には、巨大な落下物の衝突の跡、すなわちクレーターの痕跡が残されています。その直径はおよそ200キロメートルにも及びます。

　この巨大な衝突の跡は、直径およそ10キロメートルもの巨大隕石が落下したことによるものと考えられています。その威力は原子爆弾1億個分を超えます。落下地点周辺は吹き飛ばされ、付近の生命や物質はひとたまりもなかったでしょう。

　その衝突エネルギーはすさまじく、巻き上げられた塵などによって地球全体は覆われてしまったと考えられて

います。塵やすすなどは太陽光を遮ってしまうため、地球の温度は下がってしまったでしょう。

また、大量の硫黄物質も巻き上げられたと考えられており、太陽光を遮ったり、酸性雨につながったりしました。さらに、大地震や大津波が生命に襲いかかったことは想像に難くありません。

隕石の落下地点から運よく離れていたり、その後の環境の変化についていけた生命はいました。しかしながら、太陽光が十分届かなくなってしまった結果、植物は光合成が抑制されてしまい、大量に死んでしまいました。

自然界の食物連鎖を思い起こすと、たとえば、ある動物が日頃から食べ物としていた植物や動物が先に死滅してしまえば、その動物が食べるものはなくなってしまうおそれがあります。

自然界では、人間とは大きく異なり、ある動物が移動できる範囲は限られています。車のような便利な乗り物はありませんし、コンビニもありません。また、自分の身長よりも高い位置にある植物は食べることは難しいですし、ある動物が狩ることができる他の動物は限られています。つまり、日頃から食べている動物や植物が突然消え去ってしまった場合、代わりの食べ物を探すのは非常に困難であり、自然界では生命にとって非常に危機的な問題となるのです。

食料不足になることは容易に予想されます。結果、後を追うように、ドミノ倒しのように次々と地球上の生命が死んでいったことが推測されるのです。

巨大隕石の落下により、地球の気候や生命環境が大き

く変えられてしまった結果、多くの生命が死滅してしまったのです。それでも生き残った生命の一部が現在の生命につながっていると考えられます。

スピードチェック記入シート

　年　月　日

速読スピード　　　　　　　　　　　文字／分

内容の理解度　　（優・良・可・不良）
読書中の集中度　（優・良・可・不良）

覚えている単語・熟語・名称などを書き出しましょう

....

....

....

....

....

....

....

単語などの数　　　　　　　　　　　語

第5日
視点移動と視野拡大のためのトレーニング

所要時間：60分

📖 反復トレーニング

　第5日も、「集中力トレーニング」から始めましょう。「丹田呼吸法」2分、「一点集中法」1分、「集中力移動法」2分を1、2回程度。次に「視野アップトレーニング」の「左右移動法」「上下移動法」「対角線移動法」「円移動法」は、1分を1、2回。「目の強化トレーニング」では「記号式トレーニング」「文字・数字式トレーニング」を、各1、2回連続して行なってください。

　基本トレーニングと速読・本読みトレーニングは、ルーチンワークにするとよいのですが、第5日はモチベーションを少し変えましょう。

　その後、「視点移動」と「文字ブロック」＝視幅拡大の特訓を行ないます。

　反復トレーニングの結果は「チェック表」（＝149、150ページ）へ記入してください。

第5日 視点移動と視野拡大のためのトレーニング

基本トレーニングのチェック表

●集中力トレーニング

丹田呼吸法〈2分〉	●背筋を伸ばした正しい姿勢をしていますか ●呼吸は6秒／12秒でスムーズにできましたか ●集中して行なうことができましたか	1回目 優・良・可 2回目 優・良・可 3回目 優・良・可
一点集中法〈1分〉	●瞬きをせずに行なうことができましたか ●焦点が定まっていますか ●丹田呼吸はスムーズにできていますか	1回目 優・良・可 2回目 優・良・可 3回目 優・良・可
集中力移動法〈2分〉	●丹田呼吸はスムーズにできていますか ●スムーズに視点移動ができましたか ●2分間で往復運動ができましたか	1回目 優・良・可 2回目 優・良・可 3回目 優・良・可

●視野アップトレーニング

左右移動法／上下移動法／対角線移動法〈各1分〉	●目は自然に一定のリズムで動いていますか ●黒点を正確に捉えていますか ●点から点へ、線を追わないでスピーディーに視点移動ができていますか	1回目 優・良・可 2回目 優・良・可 3回目 優・良・可
円移動法〈1分〉	●一定速度で円の軌道上を移動できていますか ●目を閉じたときもスムーズに移動できていますか ●目を閉じたときもスムーズに円軌道をイメージできますか	1回目 優・良・可 2回目 優・良・可 3回目 優・良・可

目の強化トレーニングのチェック表

〈記号式／文字・数字式〉トレーニングシートを1分間にめくったページ数を記入します。

●記号式トレーニング

	1分間のページ数	備 考
1回目		
2回目		
3回目		

●文字・数字式トレーニング

	1分間のページ数	備 考
1回目		
2回目		
3回目		

視点移動と視野拡大のためのトレーニング 第5日

応用トレーニング「数字さがし」

　トレーニングのモチベーションをあげるためにもゲーム感覚の訓練方法を取り入れましょう。このトレーニングは視点移動のスピードアップと視幅拡大のための応用トレーニングです。

　153ページの図を見てください。1〜30までの数字を図の中にランダムに配置してあります。

　この図の全体を視野におさめ、その中心に視点をおいて、1から2、3、……と順番に見つけていってください。図全体の広い視野の中で数字を見つけると視点がいったん止まりますが、この止まっている時間をできるかぎり短くして、速やかに、視野の中で次の数字を探し視点を移動させつづけます。

　早く30まで探し終えられればよいことになりますが、できるかぎり目をキョロキョロ動かさないように注意して、広く広く見ることがポイントです。また、視点移動のための応用トレーニングですから、指やペンなどを補助的に使って数字を追ってはいけません。

　ストップウォッチなどで1〜30を探し終わるまでのタイムを計ります。初めてチャレンジするときの目標は45〜60秒以内です。

　それでは集中して始めましょう。

● 速読は「知的スポーツ」だと思って繰り返す

　さて、何秒で終わりましたか？

目標タイムは45〜60秒以内ですが、初めての方は1分ちょっとまではOKとします。1分30秒以上かかってしまった人はやり直しです。トレーニング期間中に復習トレーニングをして再チャレンジしてください。最終目標は30秒以内です。

　ただし、何度も続けてチャレンジすると順番を覚えてしまいますから、それではトレーニングの目的から少しはなれてしまいます。日を変えてやってみて30秒切れるとよいでしょう。

　できないからといって、すぐにあきらめてはいけません。速読は読書のためのスポーツトレーニングだと考えるとよいでしょう。「ぶっつけ本番でいきなりできた！」ということはなかなか起きません。

　第5日までで、速読のスピードを実感できた人もそうでない人もいらっしゃるでしょう。しかし、スポーツなのですから少しずつ継続してトレーニングを積み上げていけば、あるとき必ず「あ、できているかも！」ということが起きます。脳の使い方が少しだけ変わるのです。

　楽しみながらジョギングするように速く走ったり、あるいは筋トレのために速く泳いだりするということが"できる"ということであれば、誰にでも必ずできます。速読も同じなのです。

　ただ、リアルなスポーツとは鍛えるべき筋肉が異なり、腕や脚の筋肉ではなく、眼の筋肉だったり脳の活

視点移動と視野拡大のためのトレーニング　第5日

● 数字探し（1〜30）

性化された使い方だったりするということなのです。

　速読はトレーニングできる、知的な意味合いでのスポーツの一種だといえます。

脳の強化トレーニング②　──本読みトレーニング２日目

　それでは本読みトレーニング＝２日目に入りましょう。

　視点は、記号式、文字・数字式トレーニングと同じようにスムーズに、文字のブロック単位に移動させます。本読みトレーニング２日目の文章（161〜163ページ）は、１行25文字の1800文字を用意してあります。１行を左半分・右半分に２分割するくらいの文字ブロックでリズミカルに視点を移動させます。

　このときの１行を２分割というのは、あくまでもそのような想定上の文字ブロックですから、あまりにブロックに分割することを意識すると、速読をするためのトレーニングということからポイントがずれてしまい、よくありません。

　行の中心の少し左・少し右と視点を移動させて見きっていくことが大切です。

　この文章ブロックは、トレーニングを数多く続けて視野が拡がるとともに1/2から、次第に2/3くらいまでは無理なく拡げていくことができます。

　このブロックが大きくなると、１つの文字ブロックに視点があって認識している時間は変わらなくとも速

読できる文字数が飛躍的に増える、つまり速読スピードが速くなるということになります。ですから、この本読みトレーニングのときには必要以上にブロックを視点が移動するスピードを速くしようとあせらなくてよいのです。

しかし、「スピードは上げられるが理解がついてこない」とか「ひたすら速読しようとするあまり、読後なにも残っていない」といった問題にあたってしまうこともあるでしょう。そこで文章を理解するためのポイントをあげておきましょう。

● 記憶しようと思わない

本読みの内容をひたすら憶えておこう・とにかく記憶しておこうとして読み進むのではなく、まず内容をわかろうとして読み進むことが大切です。

「理解できた事柄」=「具体的なイメージを作ることのできた事柄」は、必ず「想い起こすこと」ができるのです。

私たちがものを憶えるシステムは大きく分けると3つの機能から成り立ちます。

1つは私たちが経験したことを頭脳におさめるための「符号化」。次は、符号化したものを情報として保存しておく「貯蔵」。そして貯蔵したものの中から必要なものを取り出してくる「想起」です。

この3つの要素が正確に機能して、初めて記憶とい

うシステムになるわけです。

●「タイトル・見出し」を活用する

本書で速読しようとしている対象は、一般教養系・ビジネス情報系・インターネットやウェブ上のニュース・コラムです。これらの文章には必ず「タイトル・見出し」があります。

小説・文芸書・文学においての「タイトル・見出し」は、読み終わるまでその意味が理解できないことが多いのに対して、本書の対象としている文章の場合は、見出しが内容を端的に表現するようにつけられています。そのため、読みはじめる前から一定の理解がもてます。まずは、「タイトル・見出し」について理解しようとして読みましょう。

とくに、テキスト・教科書は、「タイトル・見出し」の内容について説明され、それ以外のことは一切書かれていません。

●記憶のためのポイント
・「直感的印象」を強化しましょう

初めて会う人でもその人の特徴をつかんでいるとすぐに想い出せるものです。文章の細かいことを気にするのではなく、文章全体が何を言おうとしているのかを直感的につかもうとするのです。そうすると連想を働かせることができます。

●「連想・関連付け」を大切にしましょう

あらゆる事柄は互いに関連しあって存在しています。例えば「会社」という単語を想い出したとしたら、「社内」はどうなのか、「部長」は登場しなかったのか、と関連付けて連想するのです。1つ語彙が浮かんだら、常にそれに関連するものを考えましょう。

●「好奇心」を働かせるようにしましょう

私たちは興味のあること、楽しいことはすぐに憶えて身につけることができます。記憶する対象に好奇心を持つようにしましょう。つまらない楽しくないことは記憶しようとしてもなかなかできません。

また、平常心を持つことが必要です。集中できるのは平静なときであり、そうではないときには好奇心は働いてくれません。丹田呼吸による集中トレーニングはとても大切なのです。

●「イメージ」に結びつけるようにしましょう

印象の鮮明さや深さ・スピードは圧倒的に右脳が優れています。読もうとしている言葉や文字は左脳で記憶されますが、その意味や内容が映像・イメージに変換されて初めて具体的に「わかった」と納得するのです。

- 「繰り返して」想い起こしてみましょう

憶えたことを忘れないために、また記憶を強化するために何度も繰り返して想い起こしてみましょう。私たちの頭脳の中では情報はネットワークになっています。インプットされた情報は、すでにある情報だけでなく、以後に得た情報とも関連性を持ちます。

そのため、同じことでもいろいろな状況で何度もアウトプット（想起）することで記憶は強化されます。このことは1つの物体にいろいろな角度から光を当てるのに似て、応用的で創造的な頭脳を作りあげることができます。

それでは、訓練第5日本読みトレーニングを行ないましょう。

下記以外の本読みトレーニングの方法は第4日と同じです。また、第6日以降のトレーニングも文書の文字数が増えて目標が高まること以外は、次のトレーニング方法と同様に行なってください。

トレーニング方法

- 読書方法＝視点移動方法は、1行を1/2に分割した文章ブロックです。
- 1800文字の文章に対しての速読目標タイムは、1分程度です。

クリアーできなかった場合には、反復してください。

視点移動と視野拡大のためのトレーニング 第5日

タイマーで、経過時間を計って読書スピードを把握してください。
- 読後、以下の項目をチェックシートに記入してください。

経過時間＝速読スピード　（文字／分）
内容の理解度　　　　（優・良・可・不良）
読書中の集中度　　　（優・良・可・不良）

- 読み取った文章の内容を想い起こし、単語・熟語などをできるかぎり書き出す（最長で3〜4分程度）。

●さらに次のポイントも書き出せるとよいでしょう。

- 文章にタイトルをつけてみる。
- 5W1H（いつ・どこで・誰が・何を・なぜ・どうやって）を整理してみる。
- 書き出せた単語・熟語にさらに関係ありそうな語彙を書き出してみる。
- 直接的に文面にない単語も関連付けしながら書き出しましょう。
- 書き出す単語数は、目標30単語以上です。

▶それでは1分間を目標に「1800文字本読みトレーニング」します。

▶訓練しおえたら164ページのスピードチェック記入シートに、結果を記録してください。

　本書のトレーニング用の文章だけではなく、みなさんがお持ちの本を使って、本読みトレーニングを数多くこなしてみてください。1行文字数×行数の概算でかまいませんから文字数を把握し、速読目標タイムを設定して行ないます。
　さらに、本書のトレーニング用文書と同じ1行25文字程度の文章は、ウェブやインターネットのコラム、ブログ、雑誌などにも多くありますから、どんどんトレーニングすることもおすすめです。

第5日 視点移動と視野拡大のためのトレーニング

1800字本読みトレーニング

●「何をすべきか」は「何をしないか」を決めること

ところで、選択とは、選択しないことを決めることでもある。なぜなら、「今実行すべきこと」を決めることは、「今実行すべきでないこと」を決めることでもあるからだ。

よって、実行すべきこと＝ＴｏＤｏを選択することやその優先順位を決めるということは、ある意味で、その反対の劣後順位を決めることだとも言える。そして、本当に重要で判断が難しいのは、何をしないかを決める劣後順位なのかもしれない。この点についてドラッカーは次のような名言を残している。

> 現在どの仕事と取り組まないでおくかという決定をなし、そして、あくまでもその決定を忠実に守ることが困難なのである。（『経営者の条件』）

ホットタイムに、何の成果も上がらない電話対応や、どうでもいいメールのチェックをしていてはいけない。これは今すべきでないことを実行している典型的な例だ。「オレはそんな馬鹿なことはしない」などと考えていてはいけない。というのも、優先順位や劣後順位は時間とともに変化するからだ。確かに前までは優先順位の高かった仕事も、時間の経過により順位が下になることもある。これを意識していないと、今すべきでないことをずるずる実行してしまいがちだ。そして、これは頻繁に起こる。

優先順位や劣後順位の変化にうまく対応できないのは、一度決定した選択、すなわち計画を絶対的なもの、固定

化されたものと考えるからのようだ。そして、この変化に対応できないでいると、いわゆる「後手に回る」ことになる。

これは前倒しの逆現象で、実行すべきこと＝ＴｏＤｏが押して、それが次の実行すべきこと＝ＴｏＤｏにも影響するという状況を指す。結果、いつも時間に追われることになる。いわば「ゴテゴテ」の状況だ。

このゴテゴテを回避するには、選択にある程度の弾力性あるいは流動性を持たせておくのが大切だ。世の中には、この弾力性を欠くがために後手に回り、時間に追われるビジネス・パーソンが意外に多いように思う。

私は以前、広告会社などからの注文で企画書を書く仕事をしていたことがある。いわゆるプランナーという職業だ。

このプランナー時代、ある企画書を書いている途中に、新たな企画の依頼がくるのは日常茶飯事だ。この場合、仕事を中断して、新たな企画の依頼には対応したくない。なぜなら、今の仕事を中断すると、テンションを戻すのに時間がかかり、結果、作業時間が間延びするからだ。この点については前章でふれたとおりである。

そのため、現在の仕事を中断せず完成させた後、新しい依頼の企画に取り掛かりたい。しかしそうすると、新しい企画の注文から取り掛かりまで１週間ほど時間を空費することになるかもしれない。それから企画のアウトラインを作成し、広告会社とすり合わせしていたら、本格的な企画書の作成開始は注文から10日やそれ以上も経った頃からになる。これでは作業が遅い。明らかに後手

に回ってしまう。

こうした事態を回避するには、何かのイベントが生じた時点で、優先順位と劣後順位について、再度検証することが欠かせない。

今の企画書の例だと、新たな依頼の発生により、もともと優先すべきだった仕事は、今実行すべき仕事ではなくなるかもしれない。仮にそうだとしたら、現在の仕事を一旦中断して、新たな依頼に関する企画のアウトラインを考えて、数日中に送っておくのが得策だ。つまり、時間の経過により、「今すべきこと」と「今すべきでないこと」が変化したのだ。

この変化に柔軟に対応できないでいると、やがてゴテゴテの状況に足下をすくわれるのは必至だ。特に、いつも時間に追われているという人は、胸に手を当てて次の点をよく考えてみるべきだ。

それは今すべきことなのか、もっと他に重要な仕事はないのか——。

要は、「何をしないのか」を慎重に考えるようにすれば、ゴテゴテから解放される可能性は極めて高くなる。

実行すべきこと（実行すべきでないこと）が決まったら、続いてそれらに時間を割り当てる。これは、勉強を進めるための具体的計画の立案に他ならない。

ここで思い出したいのが、ドラッカーが述べていたワークブックである。ドラッカーのワークブックは、1冊が1カ月分で、全教科の目標と実績が記せるようになっていた。この流儀を、自分の手帳やグーグル・スケジュールに活用する。

スピードチェック記入シート

　年　　月　　日

速読スピード

　　　　　　　　　　　　　　文字／分

内容の理解度　　　　（優・良・可・不良）
読書中の集中度　　　（優・良・可・不良）

覚えている単語・熟語・名称などを書き出しましょう

....

....

....

....

....

....

....

....

単語などの数

　　　　　　　　　　　　　　　　　　語

第6日
文字列を「ブロック」で見れるようになる

所要時間：60分

📖 反復トレーニング

　第6日も、「集中力トレーニング」から始めましょう。「丹田呼吸法」2分、「一点集中法」1分、「集中力移動法」2分を1、2回程度。次に「視野アップトレーニング」の「左右移動法」「上下移動法」「対角線移動法」「円移動法」は、1分を1、2回。「目の強化トレーニング」では「記号式トレーニング」「文字・数字式トレーニング」を、各1、2回連続して行なってください。

　反復トレーニングの結果は「チェック表」（167、168ページ）へ記入してください。

文字列を「ブロック」で見れるようになる 第6日

基本トレーニングのチェック表

●集中力トレーニング

丹田呼吸法〈2分〉	●背筋を伸ばした正しい姿勢をしていますか ●呼吸は6秒／12秒でスムーズにできましたか ●集中して行なうことができましたか	1回目 優・良・可 2回目 優・良・可 3回目 優・良・可
一点集中法〈1分〉	●瞬きをせずに行なうことができましたか ●焦点が定まっていますか ●丹田呼吸はスムーズにできていますか	1回目 優・良・可 2回目 優・良・可 3回目 優・良・可
集中力移動法〈2分〉	●丹田呼吸はスムーズにできていますか ●スムーズに視点移動ができましたか ●2分間で往復運動ができましたか	1回目 優・良・可 2回目 優・良・可 3回目 優・良・可

●視野アップトレーニング

左右移動法／上下移動法／対角線移動法〈各1分〉	●目は自然に一定のリズムで動いていますか ●黒点を正確に捉えていますか ●点から点へ、線を追わないでスピーディーに視点移動ができていますか	1回目 優・良・可 2回目 優・良・可 3回目 優・良・可
円移動法〈1分〉	●一定速度で円の軌道上を移動できていますか ●目を閉じたときもスムーズに移動できていますか ●目を閉じたときもスムーズに円軌道をイメージできますか	1回目 優・良・可 2回目 優・良・可 3回目 優・良・可

目の強化トレーニングのチェック表

〈記号式／文字・数字式〉トレーニングシートを１分間にめくったページ数を記入します。

●記号式トレーニング

	１分間のページ数	備 考
１回目		
２回目		
３回目		

●文字・数字式トレーニング

	１分間のページ数	備 考
１回目		
２回目		
３回目		

文字列を「ブロック」で見れるようになる 第6日

応用トレーニング ──「ビジネス用語」は見つかる？

　文字列をブロックで見ること、視幅を拡大することのための応用トレーニングです。

　何より1文字ずつ黙読して理解するのではなく読み方を変えて、文字列全体として理解するトレーニングです。

　まず、次の文字列を枠全体として、一目で、1〜2秒程度"ポン"という感じで見た後、目を紙面から上げ、これが何であるか、どういう意味であるか理解するよう努力しましょう。

　4文字の漢字、8文字のカタカナでそれぞれ行なってください。

法守遵令	プラコンアイスン

　いかがでしょうか。

　これはみなさんがよく知っているビジネス用語「法令遵守」「コンプライアンス」ですが、文字の順番をわざとバラバラにしてあります。

質問1：枠の中のこの4文字と8文字を文字ブロック全体として一瞬だけ見ることができましたか？
質問2：紙面から目を上げて枠の中の文字ブロックを想い描いたときに「ビジネス用語」という意味に気づくことができましたか？

4字の漢字用語は問題なくできたでしょうが、カタカナ8文字のほうは、いきなりだと少し文字数が多いと感じた方もいらっしゃるかもしれません。

　しかし、このあとの実習トレーニングでは、7文字熟語から8文字よりさらに文字数の多い用語まで用意してありますから、ここでは8文字で解説します。

　質問1で一度にカタカナ8文字の枠全体は無理だった、という方はもう一度前半4文字・後半4文字の2回に分けて速やかに視点移動してください。4文字なら必ず大丈夫です。

　練習をしているうちに、4文字から視幅が拡がっていって、8文字以上まで一度に視野の中で捉えることができるという実感を持てるようになるはずです。

　質問2で「ビジネス用語」に気づけなかった方はあまりいらっしゃらないと思います。

　これが単なる文字の羅列であったなら、あるいはランダムな文字列ですといって見ていただいたなら、確かに文字ブロックの意味に気づくのは困難になるでしょう。しかし、ここでは「ビジネス用語」というヒントをすでに訓練のタイトルとしてあるのですから、それほど難しくはないでしょう。

　それではさらにいくつかの例で実習しましょう。

文字列を「ブロック」で見れるようになる 第6日

　熟語とカタカナ語のセットですから、1問に対して素早く左右に文字列全体として見ます。

　見る時間は、1、2秒（長くても3秒）程度です。

優順先位	ラプオリティイ
委務託業	ングアソーウトシ
理危管機	クマジメネーントリス
企治業統	ガンレイポナシーコスト

●情報と経験が理解につながる

　これらの文字列を順番どおり、正確に黙読しようとしたなら、読むこと自体がきわめて困難で、「これはいったいなんだ？」としかいいようがありません。

　しかし、このようなバラバラの文字ブロックであっても文字列を全体として見ることができさえすれば、あるいはどこかに気づくとスッと全体の意味が取れる（用語に気がつく）、つまり知識のネットワークのどこかから情報・知識を引っ張り出すことができる。もしも、そのビジネス用語を知らないとしても文章の意味はとれることにつながります。

　ただし、理解はその人の持っている情報（知識）と経験によって大きく差が出ます。

　根本的に今回の用語をまったく知らなければ、文章

全体としては理解できても正しく用語の意味を判断することはできません。どうしても正確な意味が必要な場合は調べなければなりません。理解するべき内容に対して経験があるかないかによっても大きな差が出ます。

経験はそのための時間の経過が必要ですが、情報・知識のほうは速読で読んで読みまくることで自分のものにすることができるのです。

実際の文章の場合は、今回のトレーニングのように1行の1/2を見ては、いちいち目をあげて考えるということはありませんが、文章全体としていわんとしている事柄にまず気づくことが必要です。

その最大のヒントが、「タイトル・見出し」であり、理解の材料が「漢字・カタカナ語・ローマ字語」です。文章全体が何を言おうとしているかに気づくことで、すでに知っている情報・知識といま新しく読んだ内容がリンクし、理解がつながるのです。

視幅・残像チェック（再トレーニング）

これまで6日分の視野・視幅を拡げるためのカリキュラムを行なってきました。

どれくらい拡がったのか、第1日にチェックした「視幅・残像チェック」（＝62ページ）を再度行ない

ましょう。

第1日と比べて圧倒的に残像として確認できた範囲が拡がったのではないでしょうか。

スーパー速読のトレーニングをする前までは、視野・視幅の訓練をすることはなかっただけに、短期間でも驚くような成果が出るのです。

私たちの視野——とにかく見えている単なる視野ではなく、この場合には中心視野、すなわち理解し認識することができる視野——の大きさは、正面に対し左右に15度ずつ、前方30度くらいです。この大きさを拡げることはできません。目の機能としてそうなっているのです。

しかし、読むためとして考えたときにこの30度はとても大きいのです。新聞の見開き2ページ分はありませんが、たいていの大きさの本の2ページ分はあります。これまで行なったトレーニングの目的は、この30度を有効に使うことができるようにすることです。

脳の強化トレーニング③　——本読みトレーニング3日目

それでは1分間を目標に「2400文字本読みトレーニング」をします。訓練がおわったら、178ページのスピードチェック記入シートに、結果を記録してください。

> 2400文字本読みトレーニング

●目標がモチベーションを生む

　西洋の昔話に「日曜日が1週間」という話がある。主人公は怠け者ボビー・オブライエンという男だ。ある日曜日の夜、ボビーの家に一人の小男がやってきて夕食をご馳走になる。小男はお礼として、この屋根の下で唱えられた最初の願いを叶えてやると言って、闇夜に消えていった。

　怠け者のボビーは考えた。とびっきりの願いを考えるには時間がいる。しかし、今日は日曜日の夜で、明日からは仕事や雑用のある月曜日だ。ゆっくり考えている時間がない。ボビーは思わず、「日曜日が1週間あればいいのに」と洩らしてしまう。そして、これがこの屋根の下で唱えられた最初の願いであった。小男の言うとおり願いは叶えられる。

　翌日は本当に日曜日だった。怠け者ボビーは昼までベッドで過ごし、1週間が丸ごと日曜日というのも悪くないとほくそ笑む。

　しかし、喜色満面のボビーの表情はやがて憂鬱なものに変わった。毎日が日曜日のため、村中の店は閉めたきりで食材を買えない。畑でジャガイモを掘ろうとすると、「近所の人の目があるから日曜日に働いたらダメ」と妻に言われる。子供たちは、毎日午前中は教会通いで、もう行きたくないと泣く。しかも、教会の牧師さんさえも「あいつのせいで毎日夜遅くまで新しい説教の内容を考えなければならない！」と、ボビーを名指しにして怒り出す。

　こうして7日目の夜、あの小男が再びボビーの家にや

って来る。そして「願いごとは楽しめたかい」と聞く。ボビーは言う。「6日間働いたあとの休日が本当の楽しみだということがわかったよ。日曜日が1週間はもううんざりだ」。小男は静かに姿を消し、二度とボビーの前には現われなかったという。

　この昔話からはいろいろな教訓が得られよう。たとえば、日曜日が1週間というのは、「目標」が欠如した人生の象徴、と考えるのもそのひとつだ。

　誰しも将来に対して悲観的になることがある。私の経験から言うと、悲観的になる時には、決まってないものがある。お金？　否、明確な目標である。目標がはっきりしていると、悲観的になっている暇などない。やるべきことが山ほどある。ところが一時的に目標を見失っている時など、「この先、私の人生は大丈夫か？」と考えてしまいがちだ。

　勉強テーマを設定するというのは、自らやるべきことを作り出す作業に他ならない。誰に強制されるわけでもない。自発的に毎日が日曜日の状況を変化させることである。

　しかし、勉強テーマを決めただけでは、まだ日曜日が1週間の状態とさほど変わらない。状況を劇的に変えるには、勉強テーマに関する具体的な目標を決めなければならない。そして、月曜日はこれ、火曜日はあれというように計画を立てなければならない。さらに、計画どおり仕事が進んでいるかどうかを検証しなければならない。このように、目標は人を動かす大きな動機づけになるのは明らかである。

ドラッカーは古くから目標の重要性を説いた。

　目標は、運や命令ではなく、方向づけであり、公約であり、自己関与である。目標で未来が決まるのではなく、未来をつくるために資源とパワーを集中するための手段なのである。ドラッカーは目標をこのように考えた。そして、目標と自己管理によって初めて、高い成果を獲得できるとドラッカーは説く。これがドラッカーの提唱した「目標と自己管理によるマネジメント」だ。目標によるマネジメントとか、単に目標管理とも呼ばれる。

　ドラッカーの説く目標管理では、自ら目標を掲げ、実行し、所期の期待と結果を比較し、それを次の目標にフィードバックする。この繰り返しで高い成果を目指す。

　会社で週報や月報を書くと思う。そのレポートではその週や月の目標を掲げ、達成度をチェックするはずだ。これは目標管理の一般的な形態であり、今や極めて一般的な業務管理手法になっているが、その背後にはドラッカーの思想があるのだ。

　ドラッカーが目標管理を初めて経験したのは、小学校時代に遡る。なかなか興味深いエピソードなので少々詳しくふれよう。

　ドラッカーの履歴を知ることのできる主な著作としては、第1章でも若干ふれた『傍観者の時代』がある。それから、ドラッカーが日本経済新聞の「私の履歴書」に連載した記事に牧野洋氏が解説を加えた『ドラッカー20世紀を生きて』もそうだ。いずれもドラッカーその人を知る上で必読の書だが、中でも後者はドラッカーの知的生産の秘密があちこちでふれられている。本書の読者な

らば興味を持って読めるに違いない。

それはともかく、『傍観者の時代』、『ドラッカー20世紀を生きて』の双方に登場する人物にエルザ先生という女性がいる。ドラッカーの小学校時代の担任でその学校の校長だった人物だ。ドラッカーは8歳から9歳にかけて、このエルザ先生からワークブックに基づいた勉強法を習う。

このワークブックは各月用に1冊ずつ用意されていて、毎週始めに各科目の目標を書くようになっている。週末には実際の結果を記入する。そして、毎週1度、このワークブックをもとに、ドラッカーとエルザ先生は勉強結果について話し合ったという。

その話し合いでエルザ先生は、ドラッカーに対して、主にできるはずだったのにできなかったことを指摘した。そして、それを次の週の新しい目標としてワークブックに書かせたという。毎週この繰り返しであった。この作業は、ドラッカーの説く目標管理そのものだということがわかるだろう。

エルザ先生から習ったこの勉強法は、ドラッカーにとって非常に効果的だったようだ。「私はコンサルタントとしては『できないことではなく、できることに注目せよ』『目標管理（目標によるマネジメント）を実践せよ』と助言してきた。この点では、ミス・エルザは私など到底及ばない先駆者だったと言えよう」とドラッカーが語るように、小学校時代の経験が、ドラッカーが目標管理の重要性に気づく原体験になっていることがわかる。

1行25字×約27行
『ドラッカー流 最強の勉強法』中野明（祥伝社新書）より。一部改変。

スピードチェック記入シート

　年　　月　　日

速読スピード　　　　　　[　　　　　　文字／分]

内容の理解度　　　　（優・良・可・不良）
読書中の集中度　　　（優・良・可・不良）

覚えている単語・熟語・名称などを書き出しましょう

....
....
....
....
....
....
....

単語などの数　　　　　[　　　　　　語]

第7日
「イメージ」と「想起」で速読しながら記憶する

所要時間：60分

📖 反復トレーニング

　いよいよカリキュラムの最終第7日。いつものように「集中力トレーニング」から反復しましょう。「丹田呼吸法」2分、「一点集中法」1分、「集中力移動法」2分を1、2回程度。次に「視野アップトレーニング」の「左右移動法」「上下移動法」「対角線移動法」「円移動法」は、1分を1、2回。「目の強化トレーニング」では「記号式トレーニング」「文字・数字式トレーニング」を各1、2回連続して行なってください。

　反復トレーニングの結果は「チェック表」（181、182ページ）へ記入してください。

「イメージ」と「想起」で速読しながら記憶する 第**7**日

基本トレーニングのチェック表

●集中力トレーニング

丹田呼吸法〈2分〉	●背筋を伸ばした正しい姿勢をしていますか ●呼吸は6秒／12秒でスムーズにできましたか ●集中して行なうことができましたか	1回目 2回目 3回目	優・良・可 優・良・可 優・良・可
一点集中法〈1分〉	●瞬きをせずに行なうことができましたか ●焦点が定まっていますか ●丹田呼吸はスムーズにできていますか	1回目 2回目 3回目	優・良・可 優・良・可 優・良・可
集中力移動法〈2分〉	●丹田呼吸はスムーズにできていますか ●スムーズに視点移動ができましたか ●2分間で往復運動ができましたか	1回目 2回目 3回目	優・良・可 優・良・可 優・良・可

●視野アップトレーニング

左右移動法／ 上下移動法／ 対角線移動法〈各1分〉	●目は自然に一定のリズムで動いていますか ●黒点を正確に捉えていますか ●点から点へ、線を追わないでスピーディーに視点移動ができていますか	1回目 2回目 3回目	優・良・可 優・良・可 優・良・可
円移動法〈1分〉	●一定速度で円の軌道上を移動できていますか ●目を閉じたときもスムーズに移動できていますか ●目を閉じたときもスムーズに円軌道をイメージできますか	1回目 2回目 3回目	優・良・可 優・良・可 優・良・可

目の強化トレーニングのチェック表

〈記号式／文字・数字式〉トレーニングシートを1分間にめくったページ数を記入します。

●記号式トレーニング

	1分間のページ数	備 考
1回目		
2回目		
3回目		

●文字・数字式トレーニング

	1分間のページ数	備 考
1回目		
2回目		
3回目		

「イメージ」と「想起」で速読しながら記憶する 第**7**日

イメージ力(インプット)+想起力(アウトプット) トレーニング

このトレーニングは、イメージ力と想起力のトレーニングの組み合わせです。まずは、次の問題に答えてみてください。

【問題】キャンプに行ったとき、あると便利だと思うものすべてを書き出してください。

(時間:10分間)

☆ヒント
ただやみくもに書き出していくのではなく、例えば、「考え方の5つのポイント」である「衣・食・住・遊び・天気」のカテゴリーで単語書き出しをします。各カテゴリーに10単語程度は書き出してみましょう。このとき、書き出しは、「北海道でマス釣り」といった具体的「キーワード」を決めて書き出しましょう(次ページ参照)。

「キーワード」
（例：北海道でマス釣り）

衣に関係あるもの：

食に関係あるもの：

住に関係あるもの：

遊びに関係あるもの：

天気に関係あるもの：

●「イメージし、想い起こすための手掛かり」を得やすくするためには?

このトレーニングは、文章を想い出す力を上げるためのものです。

最初は誰でも衣・食・住に関係するものなどから想起をはじめ、あるカテゴリー(範囲)の中で書き出せる単語がなくなると、次に注意を別な範囲に持っていき、同じように想起して書き出します。

しかも、注意が向けられている範囲の中で想い起こしているときには、常にその状況を具体的にイメージして、それが必要かどうかを確認しています。こういった一連のことを10分間の書き出しトレーニングの中で行なっているということができます。

このことは本・文章の内容を想い出そうとするときにもまったく同じ状況になります。

想い出すための手掛かりを得やすくするためには、テクニックとして文章を読む前に次の点に注意する必要があります。

①目次・見出しなどから主題と要点を設定する
②あらかじめ登場人物を知り、序文、前書き、後書きなどをまず先に読む
③「誰が、いつ、どこで、なにを、どうして、なぜ」によって文章の内容を整理しながら読み進む

前にも述べたように、私たちがものを記憶するシステムは大きく分けると3つの機能から成り立ちます。

　1つは私たちが経験したことを頭脳におさめるための「符号化」。次は、符号化したものを情報として保存しておく「貯蔵」。そして貯蔵したものの中から必要なものを取り出してくる「想起」です。この3つの要素が正確に機能して、初めて記憶というシステムになるわけです。

「符号化」＝キーワード…イメージを持ちやすく「より直感的に理解できる」
「貯蔵」　＝イメージ…より上手な頭脳への「イメージの詰め合わせ方」
「想起」　＝書き出しトレーニング…頭脳ネットワークからのイメージのよりよい取り出し方

　速読・本読みトレーニングを終えた後、一瞬何も頭に残っていない感じがするという方がいらっしゃるかもしれません。

　しかし、読み終えたページを再度開いて確認すると「あー、これ書いてあったよねー」と想い出せます。理解できなくて頭脳に何の情報も送られていなかったからではなく、「キーワード+イメージ」をつかめていないから何も残っていないと感じ、「イメージ」という手がかりを残せていないために貯蔵庫のふたを開

いて想起することができないのです。

そこでよりよい上手な「イメージの詰め合わせ方」が重要になります。それがイメージトレーニングの方法であり、詰め合わせたイメージの「よりよい取り出し方」は「想起トレーニング」になります。

つまり、3つのポイント、「キーワードをつかむ」、「イメージを作る」、「手がかりから想起する」、このポイントで単語の書き出しトレーニングを数多くする必要があります。

具体的なキーワードから単語を書き出し、さらにイメージを具体化する

イメージ力とアウトプットのトレーニングの組み合わせです。あるキーワードを設定して、そこから引き出される単語をどんどん書き出すというものです。

ここでの例は、「最寄の駅まで」というキーワードとします。

ほとんどの方は毎日、勤務先や学校に行くために鉄道やバスを利用するでしょう。その最寄の駅までの途中で見たものは、目のレンズを通して頭脳に刻まれていますから、イメージという方法で必ず情報＝記憶を引き出すことができます。イメージすることで「右

脳」をトレーニングし、名称などを思い出すことで「左脳」を強化することができます。

このトレーニングは設定（キーワード）を変えながらたくさん練習していくほど、本読みトレーニングの後の単語書き出しにも大きな効果をもたらすことになります。

【問題1】ご自宅から最寄の駅までの道のりをイメージし、その途中にあるお店・建物・施設などの名称をできるかぎり書き出してください。

（時間：5～10分程度　　目標：30以上）

※もし、駅前にお住まいの場合は駅前全体をイメージしてください。
※駅まであまりに遠いという場合は、途中を省いてかまいません。
※設定は、学校・勤務先・大きなスーパーや施設などでも可。

【問題2】書き出した単語・名称を見ながらでかまいませんから、ご自宅から最寄の駅までの地図を描いてみましょう。道のりを具体的にイメージし、さらに詳細に描き出せるとよいでしょう。

（時間：5～10分程度）

※このトレーニングでは、右脳→左脳→右脳というように使うことで、左右の脳のコミュニケーションを鍛えることができます。他人に見せる地図ではありませんから、リラックスしてご自分にわかりやすく描いてみましょう。

「イメージ」と「想起」で速読しながら記憶する 第7日

📖 イメージ力と速読の実力チェック
——これって何のこと?

　最終の速読・本読みトレーニングを行なう前に、第7日までにトレーニングしてきた速読の実力はどれくらいであるか、チェックしましょう。

【問題】190ページの文章をできるかぎり具体的にイメージしながら速読してください。
　　　　私たちが日常的に行なう、ある作業の手順について書かれています。その作業とは何なのか、お答えください。

<実力チェックでの注意点>

　枠内の文章を1行、左右2分割のブロックで速読し、経過時間をメモしてください。

　計る時間は、1回目だけで結構です。集中して速読しましょう。

　1回で解答できなければ、その後2、3度は速読してもかまいません。答えは必ず出しましょう。

これって何のこと？

400文字

　あなたがこの作業を初めてするとしても、その手順はとても簡単です。
まず作業しやすいようにいくつかの山に分けます。
　作業するものが1種類だったり、その全体量が少ない時には、一山で十分でしょう。この作業のための設備があるお店に出かけるといった場合をのぞいて、準備完了です。
　たくさんの量を一度にしないことが大切です。
あらかじめ作業する量の重さをはかっておいたり、種類の違うものは分けておくほうがよいでしょう。
　この作業で使用する最近の機器の性能は極めて優れていますが、面倒なことになるかもしれません。
　損傷などで経済的に高くつくこともあるのです。
　このように説明すると作業の手順は複雑に思えるかもしれませんが、すぐに慣れます。この作業は、すでに生活の一部になっているのです。
　手順が完了したら、作業を終えたものをいくつかの山にまた分け、それぞれ適切に収納します。
　そしてそれらはもう一度使われ、また作業が繰り返されるのです。

速読時間：　　　　　秒

解答：この作業は、「　　　　　　　　　　」である。

「イメージ」と「想起」で速読しながら記憶する 第7日

☆ヒント
日常的に行なうある作業です。少なくとも週に1回はするはずです。
男性よりは女性がすることが多いでしょうが、一人でお住まいなら男性もするでしょう。

●速度について評価

1回目の速読で400文字を何秒で読みましたか?

10秒以内:素晴らしい、2400字/分を超えて3000字にせまりました。
11〜15秒:1500から2000字/分であることが確認できました。
16〜20秒:1200から1500字/分、継続トレーニングしましょう。

答えは"洗濯"です。

まったくこの作業をしない方はわかりにくかったかもしれません。経験していないことはなかなかイメージを得にくいからです。12秒程度以内で直感的に答えがひらめいたあなたは速度だけではなく理解=イメージでも飛躍的に向上したことを実感できたでしょう。

脳の強化トレーニング④ ——本読みトレーニング4日目

さて、これで7日間のトレーニングもいよいよ「本

読みトレーニング④」を残すだけとなりました。最後に一言だけ補足しておきましょう。

　速読ではなく、普通に文章を読んでいても1回で内容が理解できないときには、何度も読みかえします。速読でも1回ですべてが理解できるとは限りませんから、2度、3度と繰り返し読むことになります。それでは意味がないと思われる方もいるでしょう。

　しかし、速読なら2回目から3回目と読む時間は短縮され、圧倒的に読書速度を上げることができます。

　例えば、1時間ほどで普通に黙読できる文章があったとして、どなたか速読のトレーニングをしたことのない方に普通に読んでいただきます。

　ここまでスーパー速読をトレーニングしてきた皆さんは、同じ文章を1回目は15分程度、2回目に10分、3回目に5分で速読したとします。

　なんだ、合計30分かかっている。本当にそうでしょうか？

　普通に1時間で読んだ方の2倍の速度ではありますが、3回読んだのですから、この3回で理解・記憶・そして内容のアウトプットで上回ればよいのです。

　しかもこの30分は今後さらに短縮して、速読力を伸ばしていけることははっきりしています。

　そのことを肝に銘じて、ぜひ、スーパー速読トレーニングを継続してください。

「イメージ」と「想起」で速読しながら記憶する 第**7**日

3000文字本読みトレーニング

●私たちの住む太陽系の外に生命は存在するのか？

　太陽の周りには、大小さまざまな、たくさんの物体が周回しています。それらは、地球を含む惑星をはじめ、彗星や、惑星と惑星の間に浮遊している小さな岩のようなものなどです。これらの無数の物体が太陽の周囲をまわっているのは、巨大な太陽の持つ圧倒的な重力に束縛されているからです。

　惑星などのこれらの物体と、その中心的な立場にある太陽とをまとめて、「太陽系」と呼んでいます。地球上で昼や夜があり、夜空に月が明るく光って見えるのは、太陽から放たれる強烈な光が、太陽系の内部を照らしだしているからです。太陽は、太陽系内部における現象について大きな役割を担っています。

　太陽系には、水星や金星、地球や火星といった「岩石でできた惑星」、木星や土星といった「巨大なガスの惑星」、そして、天王星や海王星といった「氷でできた惑星」、総じて8つの惑星が太陽の周りをまわっています。

　なお、冥王星についてですが、以前は惑星とされていましたが、2006年になって惑星とはみなされなくなりました。といいますのも、近年、太陽系の構造などの理解が大きく進んだ結果、惑星とはなにか、という人類の考え方がはっきりと変わったからです。

　冥王星は、他の8個の惑星とは性質がかなり異なっています。たとえば、他の8個の惑星はおおむね同じ平面上に並んでいます。しかしながら、冥王星は、その平面から明らかに傾いた、歪んだコースにいるのです。しかも、冥王星と似たようなものも他に見つかりはじめたため、冥王星は惑星というよりは、むしろ別のグループで

あると考えられるようになりました。

このように、長い間、人類はこの広大な宇宙空間において、たった8個の惑星しか知りませんでした。

一方で、実は太陽に似た星は宇宙にはたくさんあります。夜空を見上げると、無数の光る点が見えます。これらの多くは、太陽のように、自らが燃えて強烈な光を放っている「星」です。

これらの星は、太陽系の外、地球からずっと遠く離れたところにあります。星の表面の温度は何千度にも及んでいます。そのような灼熱の環境では、物質はばらばらに分解されてしまいます。そのため、夜空にたくさん見えている星の表面に生命が住んでいるとはとうてい考えられませんでした。

それゆえ、「生命は、私たち人類が住んでいる地球上にしかいないのかもしれない」と考えていた方々もいたでしょう。「人類のような知的生命体、俗にいう宇宙人なんて、SFの作り話にすぎない」とさえ感じられていたかもしれません。

ところが最近になって、これらの星の周囲に、つまり、太陽ではない別の星の周りに、惑星が見つかりはじめています。これらの惑星は、太陽系の外にある惑星という意味で、「太陽系外惑星」と呼ばれます。

長年にわたる探査にもかかわらず、人類はこのような太陽系外惑星を最近になるまで見つけることができませんでした。といいますのも、太陽系に最も近い星ですら、太陽と地球の間の距離（約1億5000万キロメートル）の26万倍以上も離れています。光の速さですら、約4年かかる距離（4光年といいます）です。地球から

遠く離れているため、星の周りの惑星を見つけだすのは容易ではありません。

太陽系外惑星を発見したという信頼できる研究が行なわれるようになったのは1995年、じつについ最近のことなのです。現在では、間接的な発見例まで含めると、発見された太陽系外惑星は総じて500個を超えました。

太陽系外惑星が多数見つかりはじめたことで、人類の考え方に大きな変化が起こりはじめます。特に、次のような重大な疑問が、現実的な問題として巻き起こっています。

——太陽系の外の惑星にも生命は住んでいるのでしょうか？

実は、太陽系の外に惑星が見つかりはじめたことにはもうひとつ大きな意義があります。

それは、地球よりもずっと若い惑星が望遠鏡で実際に観測できる可能性です。地球の年齢はおよそ46億歳であり、ずいぶん年を取っています。そのため、生命が生まれた当初の状況のすべてが現在まで残されているわけではありません。初期の地球が残した痕跡には、長い年月の間に風化してしまったものもあります。

しかし、この広い宇宙には、できたての惑星を含めて、さまざまな年齢の惑星が存在しています。もしかすると、昔の地球と似たような惑星が別の星の周りに発見されるかもしれません。

さまざまな年齢の太陽系外惑星を望遠鏡でたくさん観測していくことで、惑星がどのように生まれてどのように年を取っていくのかを調べることができるでしょう。加えて、そもそも惑星がどのような宇宙環境で生まれた

のかについても、観測を進めることができるようになるのです。

　惑星上での生命の誕生や進化を探るためには、生まれたばかりの惑星がどのような状態にあったのか、そして、惑星の周囲はどのような環境であったのかを理解することが、次のことを研究するためにも重要です。

　——生命は、どんな場所で、どんな材料から生まれてきたのでしょうか？

　私たちが住む太陽系においても重要な手がかりが隠されています。太陽系では、惑星やたくさんの物体が太陽の周りを周回しています。これらの中には、地球に降ってくる隕石や隕石のもとになっているものも含まれます。こうした物体は、以前は地上から望遠鏡で観測したり、地球上に落ちてきた隕石を分析したりして調べることしかできませんでした。

　しかし、20世紀後半になると、宇宙空間に浮遊するこれらの物体へ探査機を派遣して、直接現地にて、詳しいデータを得られるようになってきたのです。

　近年の「はやぶさ」探査機をはじめ、日本の探査機の活躍をご存じの方も多いでしょう。また、実際に火星に降り立った探査機は、火星上で撮影した写真を我々にもたらしています。

　これらの探査機には直接人間は搭乗しておらず、いわゆるロボットによる探査でした。その一方で、人間が乗った宇宙船を飛ばして、現地で人間が直接探査を行なうことも将来的に期待されます。太陽系内の探査はまさに人類の冒険の最前線といえます。

このような探査機による現地での直接探査は、太陽系において、地球以外の場所で、生命を見つけだす期待を高めています。地球以外の場所に、地球上には存在しないような生命を探しに行くことができる時代なのです。

さらに、太陽の周りのさまざまな物体の中には、太陽系の初期の情報が残されている「遺跡」ともいえるものが含まれています。このような「遺跡」には、惑星が生まれた当初の環境や生命の起源に関する情報も隠されているかもしれません。太陽系内の物体を探査機によって現地で調査することは、このような「遺跡」の調査の点でも重要になっています。

これらのように、宇宙空間において、どのような環境で、どのような物質が生まれ、それがどのように育ち、進化し、そしてどのように惑星や生命につながっていくのかを、総合的に研究することができる段階にまで人類は来ているのです。

実験技術の急速な進歩によって、物質の性質や地球上の生命の仕組みの理解も急速に進んでいます。

人類は、我々を含む地球上の生命、太陽系における地球以外の生命、そして、太陽系外惑星における生命などの形態や仕組み、起源などについて、真剣に取り組まなければならない新たな段階にさしかかっています。宇宙生物学は、このような、宇宙や生命に関する理解が急速に進む中で設立されたのです。

スピードチェック記入シート

　年　月　日

速読スピード　　　　　　☐ 文字/分

内容の理解度　　　　（優・良・可・不良）
読書中の集中度　　　（優・良・可・不良）

覚えている単語・熟語・名称などを書き出しましょう

....

....

....

....

....

....

....

単語などの数　　　　　　　　☐ 語

「イメージ」と「想起」で速読しながら記憶する 第7日

第7日＋α……さらに進んだ速読を身につけたい方へ

「頭脳地図」を作成する

　ここまで速読・本読みをした後は、必ず単語・熟語の書き出しを行なうようにトレーニングをしてきました。書き出すことによって、文章の理解の整理ができるからです。

　ここで、さらに進んだ速読を身につけたい方は、さらに、「頭脳地図」を作成してみましょう。

　201ページの頭脳地図の参考例＝［宇宙旅行］を見ていただければ、宇宙旅行についての文章を読んで理解できた内容が、文章にして確認したり、単純に単語を書き出したり、箇条書きにしたりするよりも、一目瞭然ではるかにわかりやすいということを納得していただけるのではないでしょうか。

　これは、「書き出し法」＝「理解の整理」だけでなく、「頭脳地図」＝「ネットワーク形式」を取り入れたことになるのです。

●書き出し方

①読み終えた文章のもっとも重要と思われる「キーワード」を1つ決定してノートや白紙の真ん中に書き出し、マルで囲ってわかりやすくする。

②次にキーワードから文章に直接関係のある単語を

3〜5単語書き出して線でつないでいって路線図のようにする。
③サブキーワードから次々に書き出すが、地図の末端に行くにしたがい文章に対する優先順位は下がっていってかまわない。
④路線から路線に関係があると思ったらドンドン線でつないで、ネットワーク状に書き出す。私たちの脳はネットワークで仕事をしている。
⑤まとまりのあるイメージは箇条書きに囲って書き出せるよう練習する。

●「頭脳地図」の利点
①この頭脳地図は、脳が理解したり記憶したりしている方法にとても近い。つまり無理がない。
②図式的にイメージと、言葉＝単語を組み合わせて地図を描いていくから自然に右脳と左脳を融合させることになる。つまり両方一度に鍛えることができる。
③どんなに長い文章でも1枚の紙に地図として整理することができる。しかも一目で内容を把握でき、さらに記憶もとてもしやすい。
④地図を描きながら計画を練ったり、会議を進めたり、講義のノートを取ったり、考え方をまとめたりすることにも優れている。しかも訂正するときには、線を消して引き直すだけである。

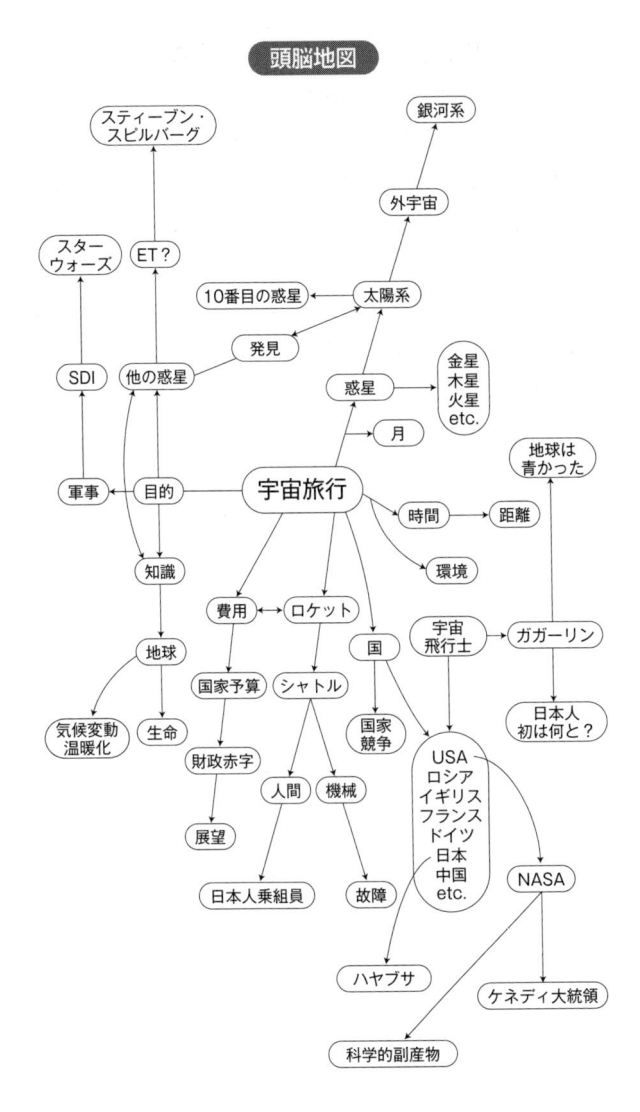

「イメージ」と「想起」で速読しながら記憶する 第**7**日

頭脳地図

- スティーブン・スピルバーグ
- 銀河系
- 外宇宙
- スターウォーズ
- ET？
- 10番目の惑星 — 太陽系
- SDI
- 他の惑星 — 発見
- 惑星
  - 金星/木星/火星 etc.
  - 月
- 軍事
- 目的 ← 宇宙旅行
- 知識
- 時間 — 距離
- 環境
- 地球は青かった
- 地球
- 費用 ↔ ロケット
- 国
- 宇宙飛行士 — ガガーリン
- 気候変動 温暖化
- 生命
- 国家予算
- シャトル
- 国家競争
- 日本人初は何と？
- 財政赤字
- 人間
- 機械
- USA/ロシア/イギリス/フランス/ドイツ/日本/中国 etc.
- NASA
- 展望
- 日本人乗組員
- 故障
- ハヤブサ
- ケネディ大統領
- 科学的副産物

⑤復習が必要な勉強などには、強力なデータベースになる。例えば、1冊の書籍の1節ごとに地図を描き、1章でまとめて地図を描き換え4章分まとめて1冊分の地図を描いたとすると、その4枚の地図を見返すことで復習完了になる。

今後、速読・本読みトレーニングの後は頭脳地図で描き出してみるようにすると、より一層上のレベルでの速読ができるようになるでしょう。

あとがき

　日本速読協会を設立して活動を開始してから、30年近くたとうとしています。

　当初、日本速読協会としては漢字2文字＝「速読」の商標登録を取得したいと考え、特許庁に申請しましたが、取得することはできませんでした。

　そのころは「速読」を知っている方などまったくいらっしゃいませんでしたし、速読教室がどこかにあるとか速読教材が売られているということもありませんでしたから、「速読」の商標も取得できそうにおもわれました。

　しかし、特許庁の判断としては言葉としての「速読」はすでに使われているからというものだったのでしょう。ただ、もしも日本速読協会が「速読」の商標登録を取得できていたとしたら現在のような速読の普及状態はなかったかもしれませんから、結果としてはよかったのかもしれません。よい面もそうでない面も常にあるということなのでしょう。

　数年前、年末のNHKの日曜スペシャルドラマで「坂の上の雲」が放送されることを知り、私は司馬遼太郎のこの作品は未読でしたので読むことにしました。小説ですが、もちろん速読です。このような長編のシリーズには速読者としては結構燃えるのです。そ

して次の箇所を発見しました。
「真之の読書欲……財力はなかったから……例の速読で読んだ。」(文春文庫版 第2巻272ページ)

明治時代、渡米中の秋山真之(あきやまさねゆき)がワシントン公使館で速読(もちろん英文です)したというのです。全8巻で「速読」はこの1カ所しか出てきませんが、本当に驚きました。

「坂の上の雲」は産経新聞の夕刊小説でしたから、この文面は1971年前後に新聞に載ったはずです。確かに、このころすでに言葉としては使われていたのです。

現在では速読という言葉を、まったく聞いたことがないという人はまずいらっしゃらないでしょう。とくに最近の書籍の中では、速読を推奨するという観点で使われることは非常に増えています。例えば、加藤周一『読書術』(岩波現代文庫)、立花隆・佐藤優『ぼくらの頭脳の鍛え方』(文春新書)などです。それだけ、速読が現代人にとって必須の能力となっているということでしょう。

シリーズものは速読者としては燃えると書きましたが、小説の冊数が多いものとしては時代小説があります。なかでも、書店の本棚を一杯にしている人気作家である佐伯泰英のシリーズには、江戸からの密書を速読する忍者が登場します。うーん……筆の縦書きの密

書を速読とは、すごい。
　本書で横書きの速読を身につけた読者の方は、その成果をビジネスや勉強に活かして飛躍されることでしょう。本書で、速読の大きな可能性を感じていただければ幸いです。

速読・本読みトレーニングの文章の使用を快く許可していただいた著者の皆様に深く感謝いたします。

　中野明　『ドラッカー流 最強の勉強法』
　福江翼　『生命は、宇宙のどこで生まれたのか』
　　　　　　　　　　　（ともに祥伝社新書）

【お問合わせ先】
　スーパー速読の訓練テキスト、講座・講習会についての最新情報は、下記までお願いいたします。

（日本速読協会）

- ●ホームページ　http://www.super-sokudoku.com/
- ●Eメール　info@super-sokudoku.com

★読者のみなさまにお願い

この本をお読みになって、どんな感想をお持ちでしょうか。祥伝社のホームページから書評をお送りいただけたら、ありがたく存じます。今後の企画の参考にさせていただきます。また、次ページの原稿用紙を切り取り、左記まで郵送していただいても結構です。お寄せいただいた書評は、ご了解のうえ新聞・雑誌などを通じて紹介させていただくこともあります。採用の場合は、特製図書カードを差しあげます。

なお、ご記入いただいたお名前、ご住所、ご連絡先等は、書評紹介の事前了解、謝礼のお届け以外の目的で利用することはありません。また、それらの情報を6カ月を超えて保管することもありません。

〒101-8701 (お手紙は郵便番号だけで届きます)
祥伝社新書編集部
電話03 (3265) 2310

祥伝社ホームページ http://www.shodensha.co.jp/bookreview/

★本書の購買動機（新聞名か雑誌名、あるいは○をつけてください）

_____新聞の広告を見て	_____誌の広告を見て	_____新聞の書評を見て	_____誌の書評を見て	書店で見かけて	知人のすすめで

★100字書評……「横書き」を読むスーパー速読1週間

日本速読協会

1984年発足以来、新聞・テレビ・雑誌等のメディアに数多くの話題を提供し、速読ブームの火つけ役となるとともに、日本における速読訓練システムの基本を確立した。
ホームページ
http://www.super-sokudoku.com/

井田 彰　いだ・あきら

1949年生まれ。北海学園大学法学部卒。日本速読協会発足当初からのスタッフ。トレーニングカリキュラム作成のスペシャリストであり、協会主催の講座、講習会では主任講師を担当。

「横書き」を読むスーパー速読1週間

日本速読協会　井田 彰

2011年11月10日　初版第1刷発行

発行者	竹内和芳
発行所	祥伝社（しょうでんしゃ）
	〒101-8701　東京都千代田区神田神保町3-3
	電話　03(3265)2081(販売部)
	電話　03(3265)2310(編集部)
	電話　03(3265)3622(業務部)
	ホームページ　http://www.shodensha.co.jp/
装丁者	盛川和洋
印刷所	萩原印刷
製本所	ナショナル製本

造本には十分注意しておりますが、万一、落丁、乱丁などの不良品がありましたら、「業務部」あてにお送りください。送料小社負担にてお取り替えいたします。ただし、古書店で購入されたものについてはお取り替え出来ません。
本書の無断複写は著作権法上での例外を除き禁じられています。また、代行業者など購入者以外の第三者による電子データ化及び電子書籍化は、たとえ個人や家庭内での利用でも著作権法違反です。

© Akira Ida 2011
Printed in Japan　ISBN-978-4-396-11256-1　C0230

〈祥伝社新書〉
目からウロコ！　健康"新"常識

071 不整脈　突然死を防ぐために

問題のない不整脈から、死に至る危険な不整脈を見分ける方法とは！

四谷メディカルキューブ院長　早川弘一

109 「健康食」はウソだらけ

健康になるはずが、病気になってしまう「健康情報」に惑わされるな！

医師　三好基晴

115 老いない技術　元気で暮らす10の生活習慣

老化を遅らせることなら、いますぐ、誰にでもできる！

医師・東京都リハビリテーション病院院長　林　泰史

155 心臓が危ない

今や心臓病は日本人の死因の1/3を占めている！　専門医による平易な予防書！

榊原記念病院　長山雅俊

162 医者がすすめる背伸びダイエット

二千人の痩身を成功させた「タダで、その場で、簡単に」できる究極のダイエット！

内科医師　佐藤万成

〈祥伝社新書〉
本当の「心」と向き合う本

074
間の取れる人 間抜けな人 人づきあいが楽になる
イッセー尾形の名演出家が教える人間関係の極意。「間」の効用を見直そう!

演出家 森田雄三

076
早朝坐禅 凛とした生活のすすめ
坐禅、散歩、姿勢、呼吸……のある生活。人生を深める「身体作法」入門!

宗教学者 山折哲雄

108
手塚治虫傑作選「家族」
単行本未収録の『ブッダ外伝 ルンチャイと野ブタの物語』をふくむ全一〇編!

漫画家 手塚治虫

121
「自分だまし」の心理学
人は、無意識のうちにウソをつく。そうやって自分を守っているのだ!

信州大学准教授 菊池 聡

142
「S」と「M」の人間学
「SとM」は性癖でも病理でもなく、一般的な性格を表わす符号!

臨床心理士 矢幡 洋

〈祥伝社新書〉
日本人の文化教養、足りていますか?

024 仏像はここを見る 鑑賞なるほど基礎知識
仏像鑑賞の世界へようこそ。知識ゼロから読める「超」入門書!

ノンフィクション作家 井上宏生（ひろお）

作家 瓜生（うりゅう）中（なか）

035 神さまと神社 日本人なら知っておきたい八百万（やおよろず）の世界
「神社」と「神宮」の違いは? いちばん知りたいことに答えてくれる本!

徳島文理大学教授 八幡和郎
シンクタンク主任研究員 西村正裕

053 「日本の祭り」はここを見る
全国三〇万もあるという祭りの中から、厳選七六ヵ所。見どころを語り尽くす!

歴史研究家 黒田 涼

161 《ヴィジュアル版》江戸城を歩く
都心に残る歴史を歩くカラーガイド。1〜2時間が目安の全12コース!

作家 栗田 勇

134 《ヴィジュアル版》雪月花（せつげつか）の心
日本美の本質とは何か?――五四点の代表的文化財をカラー写真で紹介!

〈祥伝社新書〉
「できるビジネスマン」叢書

015
部下力 上司を動かす技術
バカな上司に絶望するな！ 上司なんて自由に動かせる！

コーチング専門家 **吉田典生**

095
デッドライン仕事術 すべての仕事に「締切日」を入れよ
仕事の超効率化は、「残業ゼロ」宣言から始まる！

元トリンプ社長 **吉越浩一郎**

105
人の印象は3メートルと30秒で決まる 自己演出で作るパーソナルブランド
話し方、立ち居振る舞い、ファッションも、ビジネスには不可欠！

イメージコンサルタント **江木園貴**

133
客観力 自分の才能をマネジメントする方法
オレがオレがの「主観力」や、無関心の「傍観力」はダメ！

プロデューサー **木村政雄**

135
残業をゼロにする「ビジネス時間簿」
「A4ノートに、1日10分」つけるだけ！ 時間の使い方が劇的に変わる！

時間デザイナー **あらかわ菜美**

〈祥伝社新書〉
話題騒然のベストセラー！

042 高校生が感動した「論語」
慶應高校の人気ナンバーワンだった教師が、名物授業を再現！
元慶應高校教諭　佐久協

188 歎異抄の謎
親鸞は本当は何を言いたかったのか？
親鸞をめぐって・「私訳 歎異抄」・原文・対談・関連書一覧
作家　五木寛之

190 発達障害に気づかない大人たち
ADHD・アスペルガー症候群・学習障害……全部まとめてこれ一冊でわかる！
福島学院大学教授　星野仁彦

205 最強の人生指南書
佐藤一斎『言志四録』を読む
仕事、人づきあい、リーダーの条件……人生の指針を幕末の名著に学ぶ
明治大学教授　齋藤孝

247 最強の人生時間術
「効率的時間術」と「ゆったり時間術」のハイブリッドで人生がより豊かに！
明治大学教授　齋藤孝